新中日文化交流史大系

国家出版基金项目
NATIONAL PUBLICATION FOUNDATION

清末中日文人交游录

张伟雄 著
佟若瑶 李桂华 高照慧 译

浙江人民出版社

总　序

中日文化交流的历史悠久而灿烂，历代名人辈出且留存史料丰赡，在中日两国学术界备受关注，多年来，该领域积淀了无数的学术研究成果。

日本学者辻善之助《增订海外交通史话》、藤田元春《上代日中交通史研究》、木宫泰彦《日中文化交流史》均出版于半个世纪前，这三部著作堪称中日文化交流史领域的先驱作品，至今仍有其重要意义。其中《日中文化交流史》经胡锡年翻译成中文后，更是对从事该领域研究的中国学者产生了莫大的影响。森克己围绕"宋日贸易"所著的《日宋贸易之研究》《续日宋贸易之研究》《续续日宋贸易之研究》《日宋文化交流之诸问题》四部扛鼎之作，搜集网罗该领域的基本史料，夯实了该领域的研究基础。田中健夫的《对外关系与文化交流》《中世对外关系史》等书聚焦元明时期，他继承了森克己的学术理念，着眼于东亚地区，促成了该领域的新发展。

此外，实藤惠秀研究清末时期的中国留学生（《中国人留学日本史》），大庭修研究江户时代中国书籍的流通（《江户时代中国典籍流播日本之研究》），池田温围绕法制研究中日交流史（《东亚文化交流史》），小曾户洋、真柳诚研究中日医学交流史（《汉方的历史》），等等。学者们均在各自的研究领域颇有建树，取得了不俗的成绩。近年来，这一领域的学术新人亦层出不穷，如森公章、山内晋次、田中史生、榎本涉、河野贵美子、河内春人等活跃在国际学术舞台，成果频出，备受瞩目。

回看中国，除了民国时期王辑五所著《中国日本交通史》，我国学者对这一领域的真正研究，始于1972年中日两国邦交正常化之后。

史学领域，汪向荣的《古代的中国与日本》与王晓秋的《近代中日文化交流史》发掘新资料、提出新见解，代表20世纪该领域的顶尖水平；杨栋梁主编六卷本《近代以来日本的中国观》，称得上是“从周边看中国”的佳作。

文学方面，20世纪末严绍璗的《中日古代文学关系史稿》与王晓平的《近代中日文学交流史稿》珠联璧合，以其宏大的视角与浑厚的国学底蕴，全面梳理中日文学交流千年史脉，至今仍被视作经典。

考古学分野，王维坤的《中日文化交流的考古学研究》以出土文物为据，实证中日文化交流史事；尤其是王仲殊，围绕“三角缘神兽镜”提出“东渡吴人制镜说”（《王仲殊文集》第二卷），在日本学界引起甚大反响。

思想史层面，王家骅的《儒家思想与日本文化》关注儒家思想在日本的变容，内容极富创见；刘岳兵的《明治儒学与近代日本》探究“西化”氛围中传统儒学的命运，提出富有挑战性的命题。

此外，来自中国台湾地区、香港地区、澳门地区的学者也是一股不可忽略的研究力量，如研究明代中日关系史的郑樑生，研究东亚教育圈的高明士，研究中日书籍翻译史的谭汝谦等人，都有丰硕的研究成果问世。

综上所述，在中日文化交流史领域，日本学者比中国学者早一步着手研究，凭借对基础史料的收集、整理、解读，在学界独领风骚多年。但近20年来，中国学者潜心研究，积极吸收国内外优秀研究成果，终于取得了飞跃性进步，研究水平达到国际水平，甚至在一些特定的“点”和“线”上有领先之势。

形成上述局面的原因主要有两点：首先，中国学者的汉语功底扎实，不仅能解读日本的汉语史料，还能从中国的历史文献与新出土文物资料中发掘新史料；其次，自1972年中日两国邦交正常化以来，留学日本后归国的中国学者大多数不仅有阅读日语文献资料的能力，还具备撰写外语论文及学术著作的水平。

这些年来，在从事中日文化交流史研究的中国学者中，有不少人因为其杰出的学术成果在国际学术界受到高度评价，甚至获得重量级学术奖项。如：王仲殊因对“三角缘神兽镜”的突破性研究，获得“福冈亚洲文化奖”；严安生因对日本留学精神史的精深研究，获得“大佛次郎奖”；严绍璗因在中日文学交流史领域的巨大贡献，获得“山片蟠桃文化奖”；王晓平因从事汉诗与和歌的比较研究，获得“NARA万叶世界奖”；王勇因提出“书籍之路”理论，获得“国际交流基金奖”；等等。

中日文化交流史为中日两国共有的研究主题，从事该领域研究的学者同人们交流互动亦非常频繁。20多年前，由浙江人民出版社推出的“中日文化交流史大系”正是其成果之一。

30年前的春日，我邀请中日比较文学界的国际知名学者中西进先生到杭州大学（现浙江大学）作专题讲座。讲座结束后，时任杭州大学校长沈善洪先生让我陪同中西进先生一同考察江南园林史迹。1991年5月18日，在无锡的一家酒店中，我与中西进先生共同商定了“中日文化交流史大系”的选题计划。该计划得到了许多同人的帮助，进展顺利。该丛书日文版定名为“日中文化交流史丛书”，自1995年7月起依次出版，共十卷；中文版定名为“中日文化交流史大系”，由浙江人民出版社于1996年11月一次性出版十卷。

此后20多年间，随着考古文物资料的出土及文献资料的不断发现，中日学术界的理念及研究方法也有新的发展，中日两国的人文学术交流更是不断深入。基于此，作为中日文化交流史的研究学者，我认为召集中日两国的学者重新审视两国之间文化交流历史的机缘已然成熟，也正是出版“新中日文化交流史大系”的最佳时机。

20多年前出版的“中日文化交流史大系”以专题史的形式，把全套书分为历史卷、法制卷、思想卷、宗教卷、民俗卷、艺术卷、科技卷、典籍卷、人物卷、文学卷等十卷，而每卷又都是由多人共同执笔的通史体裁著作。“新中日文化交流史大系”（第一辑）共有九卷，邀请了研究中日文化交流领域备受关注的学者，让其用通俗易懂的语言为读者讲述其最新的研究成果，力求做到“有趣有用”。

本丛书于2016年入选国家“‘十三五’国家重点出版物出版规划”，2020年入选国家出版基金资助项目。此外，本丛书还得到2017年度国家社科基金重大项目“中日合作版‘中日文化交流史丛书’”（首席专家：葛继勇）与浙江大学“双一流”项目“经典文化传承与引领——《东亚汉典》编纂与研究”（主持人：王勇）的支持。在此特别向支持本丛书的各单位和个人表示谢意。

悠久且灿烂的中日文化交流史，是世界文化交流互鉴历史中的瑰宝。希望本丛书能够为新型中日关系的构筑以及两国民众的相互理解略尽绵薄之力。是为序。

浙江大学日本文化研究所

王　勇

2021年10月1日

前　言

清朝外交自光绪初年（1875）开始，逐步采用西洋式外交，即所谓以《万国公法》[1]为基准的外交。随着新的外交方针的展开，清政府于光绪三年首次向日本派出了常驻的公使团。当时大清国还没有精通西洋式外交的近代意义上的外交官，因此，选拔外交官时，只找到一些关心洋务的官员。按照清政府选拔外交官的要求，这些关心洋务的人还必须通过科举考试才有资格成为外交官。这样一来，清政府首次派往日本的外交官便兼具了两个特点：一是对洋务有一定的见地；二是精通中国的传统文化。本书把清末这种性质的外交官称之为“文人外交官”。

初到日本的文人外交官们尚不习惯西洋式的外交，他们在外交活动中总是不自觉地以自身的传统思想、传统价值观作为从事外交活动、评价异国文化的基准。他们的这一文人外交官的特性，决定了其在应对日本明治政府所实行的西洋式外交时，必然会遇到无数艰难的挑战。对于公使团成员来说，与外部世界进行跨文化交际是一种全新的体验。他们在模仿西洋式外交的同时不得不研究这种外交方式背后的文化。在这个过程中，他们逐渐对驻在国日本的传统文化以及明治政府实行的西洋式外交方针产生了兴趣。日本与中国同为非西洋文化

1　美国人亨利·惠顿（Henry Wheaton）撰*Elements of International Law*；美国传教士丁韪良(W. A. P. Martin)译为《万国公法》，同治三年（1864）京师同文馆刊行。

的国家，这样的国家在西方文化的冲击下，如何调整自己的“传统”与西方的“近代”之间的关系，如何处理发生在外交上以及经济文化活动方面的传统文化与外来文化的碰撞，创造出一种新时代的价值观及解决问题的方法，这是公使团成员在日期间最大的研究课题之一。

研究他国首先要解决跨文化交际中的各种课题，在跨文化交际过程中，本国传统文化修养越深，受到的冲击就越大。首任驻日公使团成员正是如此，他们作为传统文化的精英，总是试图通过自身的文化背景来理解和解释日本文化。当通过自身的“传统文化过滤器”与异国文化打交道时，他们对待异国文化有这样的一个过程：排斥、理解、接受，然后再认识。当与异国文化碰撞时，他们表现出来的排斥心理多来自对本国文化的自负。随着接触异国文化机会的增多，他们冷静下来，逐渐具备了客观判断的能力，进而发现异国文化产生和存在的必然性与合理性。尤其在本国的负面现象与他国的正面能量交叉出现时，公使团成员们便开始以积极的态度去评价和接受异国文化。在接受异国文化的过程中，除了部分西化主义者之外，一般人都能把彼此的文化相对化。驻日公使团的成员们也不例外，他们在提倡接受外来文化的同时，也意识到异国文化是他国特有的产物，应该有选择地去接受和利用。

本书将以公使团成员在日本的经历为线索，分析其跨文化交际的模式，以此向读者们阐述他们在日本的各种遭遇以及其研究日本的成果，同时刻画出当时中国人跨文化交际的特性。文中为方便起见使用了“公使团成员”一词，但这主要是指公使何如璋和参赞黄遵宪。从跨文化交际的典型性和研究成果的重要性来看，可以说黄遵宪是公使团的核心人物。因此，本书也自然增加了论述黄遵宪的笔墨。在研究中，必然要重视主人公所处的日本明治十年（1877）前后的时代背景和驻在地特点，以及从跨文化交际论的角度探讨何如璋和黄遵宪的中日比较文化论的内涵；同时结合何如璋、黄遵宪具有深厚的中国传统文化底蕴的特点，从文学文化、思想哲学、外交等角度对其进行考察，以此了解近代中国人处理传统文化与外来文化关系的智慧。

公使团成员驻日期间以公、私两种身份与当时日本的政治家、文人等进行了广泛的交流。何如璋、黄遵宪不仅写下了众多外交文书和研究论文，还为我们留下了大量诗歌和与日本文人笔谈的手稿。熟知中国的传统文化，在当时是中日两国文人的共同项。但随着时代的变迁，日本汉学家的观念也在不断发生变化，在如何应对西方冲击下的中日交流与互动的问题上，公使团成员与这些日本文人既有摩擦又相互影响。本书试图通过研究这些往事，为读者了解近代中日文人的交流情况打开一扇窗户。

研究本书主人公的跨文化交际必须在文化上把中国与日本、东方与西方放在对等的位置，这样更能了解各方的立场，更能理解主人公的观念。我们应警惕西方至上主义，如果站在西方至上主义的立场上研究本书的主人公，就无法准确把握他们的真实想法，容易把西化当作当时解决问题的唯一有效手段，把西化与否作为衡量进步或落后的尺度。研究人物最重要的是与主人公同步，而进入到他们的话语世界中去是最为行之有效的手段。幸运的是，我们的主人公为我们留下了丰富的文字资料，通过他们留下的文献，我们可以回到他们的那个时代，与他们同步而行，反思那个时代的那些人和事。

本书主人公兼具外交官、文学家、思想家等多重身份，因此行踪涉及多个领域。本书为了避免泛泛而谈，所以选择从问题意识出发，笔触所向，主要围绕以下几个方面：一是描述公使团出发的情形，由此引出公使等人对近代外交关系的认识，以及其遭遇异国文化时表现出的困惑、好奇等诸情形，探析跨文化交际这一课题在第一个驻日公使团成员心中的时代分量。二是聚焦主人公的文人气质，结合赏樱花所触发的日本文化论、修身齐家观所蕴含的传统文化观等事例，描绘当时中国文人外交官的特性，以及当时日本社会的反应，揭示公使团成员跨文化交际理论形成的过程。三是在诠释“文人外交官”特性的基础上分析他们的外交活动。关注在日本明治初年，公使团的以和为贵、以德服人的传统外交方法遭遇了何种挫折。四是探讨主人公的日本研究的过程以及成果，这也是本书的重点之一。在这四部分中，公使何如璋和参赞黄遵宪分别以主角和配角的角色交替登场，笔者力求将其有机地连接在一起，以此来考察近代中国文人外交官在与异国文化碰撞时的各种表现，以及他们为捍卫国家和民族利益，忍辱负重、艰苦奋斗的历程。

目　录

第一章
迈出跨文化交际的一步

一
关于派遣使节的争论

第二次鸦片战争以后，西方列强陆续派外交使团进驻北京。清政府开始认识到以国际通用法则与外国交涉的必要性。1861年3月，清政府设立了专门掌管外交事宜的总理各国事务衙门（以下简称“总理衙门”）。但是，当时的清政府消极对待外交，出于应对“夷敌”之无奈，才开始与国外进行交涉。从恭亲王奕䜣、大学士桂良、户部左侍郎文祥三位大臣的奏章中可以了解到当时设立总理衙门的背景与原因。

> 臣等综计天下大局，是今日之御夷，譬如蜀之待吴。蜀与吴，仇敌也，而诸葛亮秉政，仍遣使通好，约共讨魏。彼其心岂一日而忘吞吴哉？……今该夷虽非吴、蜀与国之比，而为仇敌，则事势相同。[1]

基于这样的考虑，他们申请设立了总理衙门。然而，即使外国使节

1　王德锋等主编：《中国近现代史参考资料》，吉林人民出版社1993年版，第83页。

已驻在北京，清政府也设立了处理外交事务的总理衙门，却迟迟没有向外国派遣外交公使团。说到底，清政府始终回避与外国建立密切的外交关系。当时的清政府自认为在经济贸易方面对外国的依赖性很小，同时又对西方列强使用武力进行掠夺性贸易的行为有所戒备。有关研究通过考察1793年乾隆皇帝写给英国国王书信中出现的“天朝物产丰盈，无所不有，原不借外夷货物，以通有无”的表述，对近代中国实行闭关锁国外交政策的历史原因，作了如下论述：其一，这是封建社会自然经济的产物；其二，这是封建政府不得已而采取的一种简单自卫的手段，且以此应对外国商人靠武力掠夺的贸易方式；其三，封建统治者普遍狂妄自大。

图1-1　总理衙门

在议论如何对外交往的时候，两个英国人的文章掀起了冲击闭关锁国政策的波澜。清同治四年（1865）九月，总理衙门收到了总税务司赫德（Robert Hart）的一篇论文——《局外旁观论》，紧接着于次年正月十九日，又收到了英国外交官威妥玛（Thomas Francis Wade）的论文——《新议论略》。赫德在文章中提出，禁止在外国设立外交机构的不利之处在于："派委大臣驻扎外国，于中国大有益处。在京所住之大臣，若请办有理之事，中国自应照办；若请办无理之事，中国若无大臣驻其本国，难以不照办。"威妥玛在其文章中阐述了向外国派驻公使的两大好处：一是派驻外国公使有利于加深两国的相互理解，使纠纷化解于未然；二是西方各国互相派遣公使是一种友好对外交往的表现，不参与互派公使的国家会被视为局外人，中国不与其他国家交往就会被各国戒备。两位外国人对外交问题的明确认知引起了清政府的注意，于是朝廷决定向各地有识之士广泛征求意见。各地官员也积极地反馈了意见。三口通商大臣崇厚、湖广总督官文、江西巡抚刘坤一、闽浙总督左宗棠、两广总督瑞麟、广东巡抚蒋益澧、浙江巡抚马新贻等人都上呈了相关奏文。外国人的两篇文章竟能引起地方官员如此广泛的议论，有学者认为：总理衙门特意让地方官员讨论外国人的文章，可见他们已把这些文章的观点带进了政治决策的环节中。条约港是常与外国人发生纷争的场所，让各地官员讨论这些观点，或许是冲击管辖条约港的地方官员的一种尝试。也或许是北京外交当局借这些文书把当下的难题抛给地方官吏，把他们拉进决策过程中来，试图使之共同承担责任吧。[1]

总理衙门十分重视这两个英国人写的文章，向外国派遣外交使节的想法越来越强烈。当时的两江总督曾国藩、湖广总督李鸿章等人也向总理衙门表示了赞同派遣驻外公使的态度。清同治六年（1867）十一月，曾国藩在奏章中写道："遣使一节，中外既已通好，彼此往来，亦属常事。论者或恐使臣之辱命，或惮费用之浩繁，此皆过虑之词，似应令中外大臣留心物色，随时保举可使绝国人员，储以待用……"[2]

1 ［日］坂野正高：《近代中國外交史研究》，岩波书店1970年版，第230页。

2 曾国藩：《曾国藩全集》第九册，岳麓书社2011年版，第582页。

李鸿章认为：一是公使能够直接接触外国的君主，可以以该国的政治、宗教、法律为例与之进行交涉，使外交问题更加容易处理；二是能够直接接触其他国家的军事、交通、工业等技术领域，有利于我国学习其他国家的长处，实现自强。

在这一背景之下，清政府决定派遣公使到外国考察，但是正式向外国派驻公使是很久以后的事了。对于缺乏派遣驻外公使经验的清政府来说，外交官的人选问题成了当务之急。清光绪元年（1875），总理衙门最终选出了九名能够胜任驻外公使职务的人选。本书的主人公之一，后文将提到的首批驻日公使之一的何如璋就是其中一位。

总理衙门在推荐驻外公使的文书中特别强调了外交使节人选的重要性：

> 天下事，得人则理。无事无时不应储才，而于出使一事为尤亟。历代以来，凡出使绝域者，莫不极一时之选。如宋之富弼、苏辙等，皆以名臣大儒膺此职任。[1]

总理衙门决定以“志节坚定、才识通达或并能熟悉洋情边防”[2]作为选拔外交使节人选的标准。就这样，总理衙门和开明的洋务派一再强调对外派遣使节的重要性，从而推动了派遣驻外公使的进程。清光绪二年（1876）九月，总理衙门制定了《出使章程十二条》，明确了公使团成员的构成、向清政府汇报工作的程序、公使团成员任期以及月俸发放标准等。至此，清政府派遣驻外公使的准备工作终于就绪。在清政府新的外交战略下，本书的研究对象，首批驻日公使团成员来到了日本。

1、2　朱寿朋编：《光绪朝东华录》，中华书局1985年版，第85页。

二 公使的外交认识

清光绪二年（1876）十二月二日，清政府终于确定了驻日公使团主要成员的名单。翰林院侍讲何如璋被任命为出使日本的钦差大臣，即选知府张斯桂被任命为出使日本的副大臣。根据总理衙门《出使章程十二条》规定，出使大臣的参赞（书记官）可由大臣自行决定，何如璋选中了新科举人黄遵宪。

图1–2　何如璋

何如璋，字子峨，清道光十八年（1838）生于广东大埔，咸丰十一年（1861）考中举人，同治七年（1868）中进士，被选为翰林院的编修，后升任侍讲，是一位优秀的文人。他早期就对洋务颇感兴趣，曾与李鸿章谈论洋务问题。据说李鸿章对何如璋在洋务方面的能力给予了极高的评价："不图翰林馆中亦有通晓洋务者也。"有学者认为何如璋出使日本，很大程度上是因为李鸿章的极力推荐。

副使张斯桂出生于浙江宁波，出使日本时已年过六旬，是公使团中最年长的人。清同治二年（1863），张斯桂为美国宣讲师丁韪良（W.A.P.Martin）的译作《万国公法》（*Elements of International Law*）写了序文。同治四年（1865），中文版的《万国公法》在日本出版发行。[1]同治十三年（1874），在日本向中国台湾出兵之际，张斯桂作为清政府谈判代表潘霨的随从与日本进行交涉。因此，在张斯桂赴日之前，他已为日本人所知。

图1-3　黄遵宪

清道光二十八年（1848），黄遵宪出生于广东嘉应州（现梅州市）。光绪二年（1876），他考中举人，同年年末被同为广东客家人的前辈何如璋举荐为驻日钦差大臣参赞。黄遵宪从此踏上了外交官的道路，远渡日本。

就这样，当时清朝一流的文人们作为外交官远渡重洋，来到了日本。他们十分关心洋务，多少了解一些国外的情况。但是对于何为外交，应怎样做一名外交官等，他们都必须从头学起。接下来让我们来探讨一下这三位文人对外交的认识。

首先，对于清政府是否有必要派遣驻外公使这一基本问题，何如璋有着自己明确的看法。且看下面这段话：

> 各国因轮舶转输，懋迁日众，遂遣使入都展觐，持节护商。朝廷以礼隆报聘，有来无往，非宜也。且五大部洲风气殊异，不有人焉以察之，则政治得失、民气强弱，与夫山川物产之险阻盈虚，末由知其曲折。爰遣朝臣，问与国。[2]

何如璋在文章中明确提出了派遣驻外使节的必要性。一是出于礼

1　原译作只有四册。1865年，《万国公法》于江户的开成所被翻印成六册。

2　何如璋：《使东述略》，钟叔河主编：《日本日记·甲午以前日本游记五种·扶桑游记·日本杂事诗（广注）》，岳麓书社1985年版，第87页。

节。由于外国已向中国派出了使节，作为还礼，中国也应该向外国派遣使节。二是为了开展对外研究。外国的风俗习惯、政治制度与中国有很大的不同，因此，我们有必要赴外进行考察。在这一点上，何如璋与部分保守派人员的天朝大国思想不同，他已认识到应与外国站在对等的立场上开展外交活动并以礼相待。同时，他也认识到不同国家有着不同的特点，有必要对此进行深入研究。在何如璋出使日本的年代，清政府对于外国的认知还相当匮乏。“西洋”自不必说，就连对一衣带水的邻国日本，清政府也缺乏全面的、深入的认识。何如璋被任命为驻日公使后，在赴任之际对日本进行了一番调查。即便如此，他对日本的认识也很片面，在其著作《使东述略》中这样写道：

海陆之所经，耳目之所接，风土政俗，或察焉而未审，或问焉而不详，或考之图籍而不能尽合。就所知大略，系日而记之。[1]

在此基础上，何如璋清楚地意识到，详细考察赴任国、为祖国提供正确的情报是“外交官的使命”。随着开国之势愈盛，清政府也愈加需要这样的情报。总理衙门要求出使大臣随时报告对外交涉的详情以及各国的风土、民俗、政治、经济等方面的情况。这一要求在《出使章程十二条》中是这样写的：

到各国后，除紧要事件随时陈奏外，其寻常事件，函咨该衙门转为入奏。[2]

1 何如璋：《使东述略》，钟叔河主编：《日本日记・甲午以前日本游记五种・扶桑游记・日本杂事诗（广注）》，岳麓书社1985年版，第108页。

2 《清实录》第五二册，中华书局1987年版，第570页。

副使张斯桂已是年过六旬的老人，他对作为外交官赴日本一事颇感自豪。在开往日本的船上，他写下了几首充满朝气的诗来抒发当时的心情，以下为其中部分诗句：

平倭我愧将军戚，投笔群随定远班。
寄语送行诸故旧，三年好听唱刀环。[1]

诗的大意是：为了与日本建交，我带随从远渡日本。虽比不上明代抗倭将军戚继光，但弃笔从戎，赴战场，一定能像平定倭乱的将军一样有所作为。前来送别的朋友啊，待我三年后任期满时迎接我完胜而归吧，就像《汉书・李陵传》中的任立政手握刀环（“环”与“还”同音，暗示李陵可“重返汉朝”）那样。

当然，诗可能有些夸大其词，诗中使用了夸张的修辞手法，但是，在国家外交政策的转型时期，因为能够担此重任而感到自豪这一点，应是公使团成员们的共同感受。张斯桂较早就开始关心外交事务，他在为《万国公法》撰写序文时把当时世界发展的态势比作中国春秋战国时代的发展态势。在此背景下，张斯桂是这样理解外国人所著《万国公法》的重要性的：

统观地球上版图，大小不下数十国，其犹有存焉者，则恃其先王之命，载在盟府，世世守之，长享勿替，有渝此盟，神明殛之，即此《万国律例》一书耳。故西洋各国公使、大臣、水陆主帅、领

1　张斯桂：《使东诗录》，钟叔河主编：《日本日记・甲午以前日本游记五种・扶桑游记・日本杂事诗（广注）》，岳麓书社1985年版，第142页。

事、翻译、教师、商人以及税务司等，莫不奉为蓍蔡。[1]

张斯桂秉持着《万国公法》之于外交重要性的认识，作为《万国公法》的研究专家随使团来到了日本。

黄遵宪被选为驻日外交官时，正逢他攻破科举考试难关，高中举人之际。当时他写下了《将之日本题半身写真寄诸友》这首诗来抒发自己的情感，诗中这样写道：

如此头颅如此腹，此行万里亦奇哉。
诸公未见靴尖趯，待我扶桑濯足来。[2]

诗中黄遵宪很自豪地表达了当时的心态：头脑平平、身躯不奇的我，如今竟被选为外交官，即将作为国家使节远赴异国他乡，想必您一定倍感意外吧。因为照片是半身照，大家看不到我威武的样子。其实我踌躇满志，就像金朝武将兀术那样，恨不得一脚踢垮敌人的城池，众人请期待我在日本大展宏图吧。

这首意气风发的诗充满了科举考试成功的喜悦。当时的清政府开始重视外交并起用外交人才，对于年轻的举人黄遵宪来说，被选为驻日公使团的书记官应该是一件无上光荣的事。黄遵宪一生的仕途之路就从他当上外交官开始了。他曾经几度参加科举考试，屡遭失败，就在他对考试失去信心之际却成功了。他注视着自己的半身照，心中涌起了无限的感慨。从这首诗我们可以看出，黄遵宪在赴日之际充满自信与骄傲。

---

1 ［美］惠顿著，丁韪良译：《万国公法》张斯桂序，清同治三年（1864）京都崇实馆刻本。

2 黄遵宪著，钱仲联笺注：《人境庐诗草笺注》，上海古籍出版社 1981 年版，第 197 页。

黄遵宪在充满自信和无限自豪的同时，也深知一名书记官肩负的责任之重大。后来他在《日本国志》的序中这样写道：

> 窃伏自念，今之参赞官，即古之小行人、外史氏之职也。使者捧龙节，乘驷马，驰驱鞅掌，王事靡盬，盖有所不暇于文字之末。若为之寮属者，又不从事于采风问俗，何以副朝廷咨诹询谋之意？[1]

黄遵宪认为，参赞的使命在于协助公使研究所驻国的国情，为制定外交政策提供参考信息。实际上，他也做到了。

怀抱这样的认识和使命感，清朝驻日公使团一行于明治十年（1877）年底来到了日本。[2]

---

1 黄遵宪著，李绍平校点：《日本国志》，岳麓书社2016年版，第5页。

2 公使团主要成员：正使：何如璋（子峨），副使：张斯桂（鲁生），参赞官：黄遵宪（公度），洋员：麦嘉缔，正领事官：范锡朋，副领事官：余隽，翻译官：沈鼎钟、张宗良、潘任邦（勉骞）、冯昭炜。（刘雨珍编校：《清代首届驻日公使馆员笔谈资料汇编》，天津人民出版社2010年版，第3页）

第二章
公使的利义观

一
“何必曰利”的观念

赴任国外的清朝外交官大多是在传统文化的滋养下成长起来的，当他们接触异国文化时将会如何表现，又会形成什么样的价值观呢？这些问题颇有意思。特别是那些尊崇儒家思想“重义轻利”的文人，当他们看到为追求利益而不远万里前来通商的西洋人时，又会作出怎样的评价呢？下面我们以何如璋为例展开考察。

何如璋在赴任日记《使东述略》中写到西洋人来中国是因为“慕中土殷富，不惮远涉重洋，款关求市”。他认为，相对于中国人，西洋人更加迫切地需要与其他国家进行经济层面的交流。因此，他对西洋各国以追求经济利益为目的的建交请求并无好感。然而，对同样寻求建交的日本，何如璋却持截然相反的态度。他这样写道：“而日本以同文之邦，毗邻东海，亦复慕义寻盟。”

在何如璋看来，西洋人是“慕富”，而日本人是“慕义”。在儒家思想中，追求利益并不是一种高尚的行为。儒家经典《孟子》中记载着这样一则故事：“孟子见梁惠王。王曰：‘叟！不远千里而来，亦将有以利吾国乎？’孟子对曰：‘王！何必曰利？亦有仁义而已矣。’”

对于中国的士大夫而言，通过做学问出人头地才是高尚的，像商人一样通过买卖谋求利益是应该被蔑视的。何如璋也不例外，他在赴任日本之前受这一儒家思想的影响颇深。然而，当他亲眼看到西方人因追求利益而构建的物质文明时，便再也无法无视西方物质文明的存在。如何将儒家的仁义道德观与西方的实用主义统一起来，对于何如璋来说成了一个重大课题。

在西方物质文明的冲击下，何如璋与当时众多的清朝士大夫一样，不得不重新思考人类的社会活动究竟是为了“利”还是为了“义”这一问题。对于何如璋来说，一方面认同“上下交征利，而国危矣”（《孟子·梁惠王上》）的儒家思想；另一方面也认识到，如果不追求实利，国力将逐渐衰弱，以致被列强侵略。何如璋亲身经历了毫无仁义可谈的掠夺性的鸦片战争，以及鸦片战争后列强对中国施加的强硬政策，他真切地感受到了现实的痛苦。“义”和“利”这两种思想沉重地压在何如璋的心头，他在进行跨文化交际的过程中，内心纠葛也日渐加剧。

清光绪三年（1877）十月九日，何如璋从北京来到了上海，准备东渡日本。当晚，何如璋住在了上海的租界内，在这里他亲身感受到了物质文明的强大力量。

> 旧时蓁莽，悉化街衢，舟车填溢，货物山积，洋楼戏馆，酒楼茶肆，无一不备，夜燃煤气灯，光腾黄浦。估客之奔波，游人之寄迹，百工技术之争竞驰逐，尘扰风靡，不可响迩。噫！何其侈也。[1]

1　何如璋：《使东述略》，钟叔河主编：《日本日记·甲午以前日本游记五种·扶桑游记·日本杂事诗（广注）》，岳麓书社1985年版，第89页。

与清朝萎靡不振的经济状况不同，租界内一片繁荣，这让何如璋感慨万千。尽管他客观上承认了西方物质文明的力量，但主观上仍秉持儒家伦理道德观，对此持否定态度。他在当天的日记中写道：

> 商贾之亏折闭歇者，往往而有。闻欧亚各都会，大抵如斯。盛极而衰，天道固然，恐人力无以善其后耳。[1]

何如璋用“盛极而衰”来解释租界内的繁荣景象，认为“盛极而衰，天道固然”，以寻求心理上的平衡。但是同时，以谋利为恶的中国士大夫们正眼睁睁地看着西洋人为利益四处奔走，以贸易的方式不断掠夺中国财富。何如璋无法无视这一事实，他对上海贸易输入额的不断增长感到担忧。关于这一点他是这样写的：

> 上海互市为各口冠，货之输出入者岁逾亿万计；然稽之税关，输入恒倍于出。漏卮不塞，则日朘月削，财用立匮；民之穷，讵国之福乎？[2]

何如璋认为，西洋人由武力侵略演变为贸易侵略，且贸易侵略已经严重威胁到了中国经济。后来洋务派的郑观应把这种侵略方式称为“商战”，并作了如下诠释：

> 所以泰西各国以商富国，以兵卫商，不独以兵为战，且以商为

1、2　何如璋：《使东述略》，钟叔河主编：《日本日记·甲午以前日本游记五种·扶桑游记·日本杂事诗（广注）》，岳麓书社1985年版，第89页。

战，况兵战之时短其祸显，商战之时长其祸大。[1]

这一时期的何如璋的确感到焦虑不安，针对西洋人激烈的商战，他提出了个人意见："窃认为生财之道，不外开源节流。"何如璋提出了以下三种具体解决办法：

一是开采煤矿和矿山，充分利用丰富的自然资源。二是西北地区地广人稀，劳动力匮乏，可效仿西方推广机械化作业，提升效率，开垦荒地，充分利用土地的价值。三是西洋布匹在进口商品中所占比重最大，给中国纺织业带来重创。应学习西方技术，实现本国产布，保护纺织业这一女性就业最多的产业。

何如璋认为，只有这样才能使"外国商人无所牟利，势必废然思返"。这一时期，何如璋在思想深处对西方抱有很强的戒备心理，这与西方列强大规模的武力、贸易侵略有很大的关系。关于这一时期中国人的警戒心理以及清政府对外贸易保护政策，他有以下两点看法：一是把18世纪清政府的这些通商制度仅仅看成落后的闭关锁国政策，而不承认它起了民族自卫作用，是错误的。二是早期西方国家的对华贸易，具有资本主义侵略性质。来到中国的某些外国人，傲慢粗暴，趾高气扬，甚至犯罪作恶，无法无天。对于这些侵略分子、犯罪分子，进行一定的防范和惩处是完全必要的。

从上述何如璋的言论可以看出，当时他已经开始意识到唯有自强才能抵抗外国的经济侵略，而想要自强，就必须学习西方先进的科学技术。但是，何如璋提倡自强的目的只是让西方商人在中国无利可图，失望而归。他认为为此甚至可以再度关闭已打开的国门。说到底，在儒家思想的影响下，何如璋始终认为西洋商人追求利益是"恶事"。对于少

---

1 郑观应著，夏东元编：《郑观应集》，上海人民出版社1982年版，第595页。

有机会接触西方文化的何如璋来说，这样想是再自然不过的。然而在上海的经历无疑给何如璋的传统观念带来了极大的冲击。在经历了反复冲击之后，何如璋对西方文化及其价值观产生了更加深刻的理解。

说起来，初次接触西方文化，特别是以物质文明的形式呈现在大家眼前的西方文化时，中国的士大夫们表现出了极大的困惑。公使团中年轻的书记官黄遵宪也不例外。

黄遵宪最早接触西方文化是在清同治九年（1870）。当时他为了参加科举考试从家乡嘉应州出发，经由香港乘船前往广州。在香港，黄遵宪亲身感受到了西方物质文明的巨大力量。他有感而发写下了《香港感怀十首》。

诗中写道“弹指楼台现，飞来何处峰”，他以此来描写西洋人财力丰厚，眨眼间就建起了气派的高楼大厦，就像从天而降一样。他还写道“沸地笙歌海，排山酒肉林。连环屯万室，尺土过千金”，形容管弦乐的喧闹声如同海上传来的澎湃的海浪声，美酒佳肴堆成山，无数的房屋连成排，地价寸土寸金。

在内乱和外压之下，黄遵宪开始向外看，看到令人称奇的繁荣景象，他惊讶得简直不敢相信自己的眼睛。然而，创造出这种繁荣景象的

图2-1　19世纪的香港

正是为中国士大夫所不齿的、西洋人金钱的力量。直面世界的黄遵宪会因此重新认识本国传统的价值观吗？他和诸多忧国忧民的士大夫一样，当看到利益至上的西方文化猛烈冲击本国文化时，心情十分复杂。他把这种复杂的心情寄托在《香港感怀》一诗中：

凿空蚕丛辟，嘘云蜃气奇。
山头风猎猎，犹自误龙旗。

在这座城市里，一幢幢高楼如同海市蜃楼，简直令人称奇。山风吹得飒飒作响，还以为是我大清帝国的旗帜被吹得作响。

在被夺去主权的香港土地上，西洋人竟创造出了如此繁荣景象。而此刻风中飘扬着的却是他国的国旗。黄遵宪多么希望把洋人的旗子摘下，重新扬起大清的旗帜啊！

在西方文化的冲击下，无论是何如璋还是黄遵宪，其原有的价值观都开始出现了动摇。他们不得不承认中华民族之外还存在另一个世界，那里的人们有着不可小觑的别样价值观，并在这种价值观下创造出了中国人意想不到的物质文明。

二
“足食足兵”的重要性

前文讲到公使何如璋和书记官黄遵宪在初次接触西方文化时表现出了极大的困惑，这两位外交使臣对西方文化具有相当强的感受力，能够对西方文化进行客观评价。到达日本后不久，何如璋就获得了大量接触各国先进的科学技术和强大军事力量的机会。他以积极的心态正视外国文化的合理性，从最初认为向西方学习以求自强是驱逐洋人的手段，到后来逐渐认识到自强以富国才是根本的目的，可以看出，何如璋对追求利益的价值观由否定转向肯定。

从上海出发几日后便到了日本，在从长崎到东京的途中，何如璋参观并访问了许多地方，其中最让他佩服的是日本铁路的便捷。看着火车与铁路，何如璋感慨道：

气吐长虹响疾雷，金堤矢直铁轮回。
云山过眼逾奔马，百里川原一响来。

初五日往游大阪。大阪距神户六十中里，铁道火轮四刻即至。烟云竹树，过眼如飞。车走渡桥时，声如雷霆，不能通语。上下车皆有房，为客憩止之所。[1]

明治十年（1877）十二月十六日，公使团一行抵达横滨。入关时，停泊在横滨港的日本军舰“春日”号和各国军舰齐鸣礼炮，欢迎清朝公使团的到来。指挥官们还登上公使团所乘的清朝军舰“海安”号进行访问。两三天后，出于礼节，何如璋决定回访各国军舰。这次回访给他留下了深刻的印象。对于此次访问，何如璋记录如下：

登其舟，军练而法严，船坚而炮利，兵丁工匠各执其役，器械时时修治。虽闲暇，如临大敌，无乱次者，无嬉游者，无不奉令上

1 何如璋：《使东杂咏》，钟叔河主编：《日本日记·甲午以前日本游记五种·扶桑游记·日本杂事诗（广注）》，岳麓书社1985年版，第118页。

岸者。[1]

他敏锐地察觉到外国军舰纪律之严明，装备之精良。对比自己乘坐的从上海驶来的清朝军舰，他陷入了反思。何如璋把当天的所见所闻写在了日记中："窃以欧西大势，有如战国：俄犹秦也；奥与德其燕赵也；法与意其韩魏也；英则今之齐楚也……比年来，会盟干戈，殆无虚日。故各国讲武设防，治攻守之具，制电信以速文报，造轮路以通馈运，并心争赴，唯恐后时。而又虑国用难继也，上下一心，同力合作，开矿制器，通商惠工，不惮远涉重洋以趋利。"[2]

以春秋战国时期的局势来形容当时的西洋局势，这一点何如璋与张斯桂相同。张斯桂也在《万国公法》的序中把俄国比作秦，英国比作楚。

何如璋认识到，西洋各国的强大是竞争的结果。在他看来，今日西洋的局势如同中国战国时期局势：合纵连横，彼此戒备，竞争十分激烈。各国为加强防卫和掠夺不断开发武器；为传递情报而发明电报；为使运输便捷而制造了轮船，修建了铁路。国民上下一心，合力开采矿山、制造机械、振兴商贸，使工商业呈现出一派繁荣的景象。更有甚者，他们放眼海外，不远万里来大清牟利。

如此，认识到西方严峻局势的何如璋越发感到大清国改革的紧迫性。他批判国内的保守派，呼吁清政府摒弃过去的偏见，实行自上而下的一系列改革，如若不然，将无法守护国家的安全。

夫以我土地之广、人民之众、物产之饶，有可为之资，值不可

1 何如璋：《使东述略》，钟叔河主编：《日本日记·甲午以前日本游记五种·扶桑游记·日本杂事诗（广注）》，岳麓书社1985年版，第99页。

2 何如璋：《使东述略》，钟叔河主编：《日本日记·甲午以前日本游记五种·扶桑游记·日本杂事诗（广注）》，岳麓书社1985年版，第99—100页。

不为之日，若必拘成见、务苟安，谓海外之争无与我事，不及此时求自强，养士储才，整饬军备，肃吏治，固人心，务为虚憍，坐失事机，殆非所以安海内、制四方之术也。[1]

何如璋如中国众多文人一样，借用孔子的言论强调自己呼吁改革的合理性："足食，足兵，民信之矣"，"人无远虑，必有近忧"。

前一句是子贡向孔子问政时孔子所答。治理国家必先丰足食物，充实战备，赢得百姓信任。在外国物质文明的冲击下，何如璋开始认识到清朝贫穷的现状已不能取得百姓的信任，进而无法顺利治理国家。这体现了他思想的实质性改变。后一句是颜渊向孔子请教治国之方时孔子所答。意思是如果一个人不为将来打算，那么眼前就一定有麻烦。这暗指国内保守派视野狭窄，看不到外面的世界，固执地对外国抱有偏见。不努力丰衣足食，不扩充兵力，长此以往，必将招来灾祸。何如璋在这天的日记末尾写下了"可勿念乎"以表达自己深深的忧虑之情。

这一日参观外国军舰成了何如璋东西比较论思想的开端。此后，何如璋接触异国文化的机会越来越多，也渐渐加深了对外部世界的理解。只认可本国文化这一封闭思想发生了变化，他开始关注不同于儒家利益观的全新的西洋价值观。

1 何如璋：《使东述略》，钟叔河主编：《日本日记·甲午以前日本游记五种·扶桑游记·日本杂事诗（广注）》，岳麓书社1985年版，第100页。

第三章
维新美谈

一
递呈国书

公使团一行于明治十年（1877）十二月十六日到达了横滨。他们在横滨滞留了一小段时间，直到在东京找到了适合做大使馆的场地。十二月二十日，书记官黄遵宪拜访外务省，进行到任后的问候。二十四日，正使和副使一起会见了外务卿寺岛宗则，出示了清朝皇帝的国书，双方商定了向日本天皇递呈国书的日程安排。寺岛认为因接近年末应尽早递呈为宜。两日后，外务省传来了正式通知，定于十二月二十八日觐见日本天皇，递呈国书。

明治十年（1877）十二月二十九日的《邮政报知新闻》以“钦差大臣携国书参见天皇”为题，报道了清朝大使向日本天皇递呈国书的新闻。报道中写道：

> 昨日清国钦差大臣携四名副使及随员，乘坐上午十点四十九分的火车由横滨出发，十二点到达新桥。由外务省兼任巡游使，驱马车两辆，直奔宫内省晋见天皇并递呈国书。

何如璋在《使东述略》中详细记录了这天的情形："癸酉，外务省文来，订于二十四日赍国书见日主。是日侵晨，仍由横滨往东京，至日宫外下车。寺岛导入，趋小御所，宫内卿、式部头俟焉。少刻，宫内卿入复出，三卿者即肃客入，转曲廊至偏殿。"[1]

在偏殿之上何如璋向日本天皇递呈了国书。国书内容如下：

> 大清国大皇帝问大日本国大皇帝好。朕诞膺天命，寅绍丕基，眷念友邦，言归于好。兹特简二品顶戴升用翰林院侍讲何如璋为钦差出使大臣，三品顶戴即选知府张斯桂为副使，往驻贵国都城，并令亲赍国书以表真心和好之据。朕知何如璋等和平通达，办理交涉事件必能悉臻妥协。惟冀推诚相信，得以永臻友睦，共享升平，朕有厚望焉。[2]

清朝国书评价公使何如璋"和平通达，办理交涉事件必能悉臻妥协"，是代表清朝皇帝驻在日本的合适人选。

这一时期的清政府改变了对外国的传统看法，开始以近代国家的姿态开展外交活动。然而追溯到四年之前，情况却截然相反。当时一位叫作副岛种臣的日本特使出使大清，大臣们就该特使入宫觐见清朝皇帝等问题发生了激烈的争论。当时清政府不希望以对等关系与外国开展交流。

但是四年后，即明治十年（1877）清朝公使团来到日本，发现觐见日本天皇竟是如此理所当然、轻而易举之事。何如璋详细观察并记录下了在日本觐见天皇时的情形。

1　何如璋：《使东述略》，钟叔河主编：《日本日记·甲午以前日本游记五种·扶桑游记·日本杂事诗（广注）》，岳麓书社1985年版，第100—101页。

2　黄遵宪著，李绍平校点：《日本国志》，岳麓书社2016年版，第223页。

日主西服免冠，拱立殿中。余前趋，副使后随，参赞赍国书旁立。使臣口宣诵词毕，参赞捧授国书，使臣捧递日主。日主挟冠，引两手敬受，即转授宫内卿。宫内卿自怀中取答词一纸读之，音琅琅而不可了。[1]

此刻宫内卿“琅琅”诵读的内容被刊登在了第二天的《邮政报知新闻》上。

贵国皇帝特派卿等钦差大臣递呈国书，倍感荣幸，朕甚悦。朕深信卿等定能不辱和平通达之使命，为两国友谊长青贡献力量，并愿贵国福寿安康。

这一日觐见天皇的经历，特别是明治新政府不拘形式和务实的改革面貌给何如璋留下了深刻的印象。他在日记中这样写道：

出入皆三鞠躬，王答如礼。退，三卿者复从出，至小御所一茶，登车去。其礼简略，与泰西同。[2]

何如璋深知清朝接见使者时的繁文缛节，他对自己觐见日本天皇的礼仪如此简单一事产生了极大的兴趣。大清皇帝曾经强制要求外国使节觐见时与本朝大臣一样行跪拜礼，而觐见日本天皇却只需要三鞠躬，且天皇竟然也三鞠躬还礼，这让他不由感到钦佩。对比清政府墨守成规、拒绝了解世界的作风，从他的这句“其礼简略，与泰西同”可以看出他

1、2　何如璋：《使东述略》，钟叔河主编：《日本日记·甲午以前日本游记五种·扶桑游记·日本杂事诗（广注）》，岳麓书社1985年版，第101页。

对日本放眼世界、与时俱进、果断实施改革的做法的高度关注。何如璋对在日本皇宫的所见所闻倍感新奇，同时也受到很多启发。关于觐见天皇的地点，他也饶有兴趣地写道：

> 王居亦隘，所云偏殿者，长仅二丈，广丈馀。中设一几，无他物，左右无侍者。旁为小园，自琉璃窗视之，木石楚楚有致，然亦一览而尽。[1]

何如璋就像透过玻璃窗看世界一样，兴致勃勃地观察着宫中的设置。诸如偏殿只放有一张小桌、没有仆人出入等都是他感兴趣的细节。何如璋的脑海中浮现出大清皇帝奢侈至极的皇宫。再看日本的宫廷，他注意到庭院面积不大，但漂亮、整洁。他从文化论的角度把自己观察到的景象归纳出来并写在日记中。

图3-1　日本皇居

1　何如璋：《使东述略》，钟叔河主编：《日本日记·甲午以前日本游记五种·扶桑游记·日本杂事诗（广注）》，岳麓书社1985年版，第101页。

> 日本前代仪文，尊卑悬绝。其王皆深居高拱，足不下堂，上下否隔。明治之初，参议大久保市藏上表，有曰："请自今不饰边幅，从事于简易。"后用其议，至易服色，改仪制，质胜于文矣。[1]

日本天皇从久居深宫、鲜少与百姓见面到广纳国内外宾客这一形象的转变令何如璋感悟颇深。他对明治政府推行的"易服色""改仪制"等一系列注重实效的改革寄予了极大的关心。这篇日记实际上相当于呈报给清政府的述职报告，日记中寄托了他对清政府实施改革的满满的期待。

二
服制改革

觐见日本天皇，递呈国书时的所见所闻给何如璋留下了非常深刻的印象，他认识到日本皇室的改革是历史发展的必然结果，并给予了高度评价。在觐见天皇时，他称赞日本宫廷礼仪制度的改革"易服色，改仪制，质胜于文矣"，这句话体现了何如璋希望清政府改革繁文缛节的思想。

对于清朝的统治者来说，统一本民族的服装和礼仪是确保统治地位必不可少的手段，意义重大。改革服制和礼仪无疑是要改变老祖宗执行的统治方针，清政府担心这样做会动摇自己统治地位的正统性。我们从当时的外交要员李鸿章的一段谈话中可以看出这个问题的深刻性。明治

1　何如璋：《使东述略》，钟叔河主编：《日本日记·甲午以前日本游记五种·扶桑游记·日本杂事诗（广注）》，岳麓书社1985年版，第101页。

九年（1876）一月二十五日，当时的日本驻大清公使森有礼会见李鸿章时，关于服装问题有一段对话：

李鸿章：对于近来贵国所举，很为赞赏。独有对贵国改变旧有服装，模仿欧风一事感到不解。

森有礼：其原因很简单，只需稍加解释。我国旧有的服制，正如阁下所见，宽阔爽快，极适于无事安逸之人，但对于多事勤劳之人则不完全合适，所以它能适应过去的情况，而于今日时势之下，甚感不便。今改旧制为新式，对我国裨益不少。

李鸿章：衣服旧制体现对祖先遗志的追怀之意，其子孙应该珍重，万世保存才是。

森有礼：如果我们的祖先尚在的话，无疑也会做出与我们同样的选择。距今一千年前，我们的祖先看到贵国的服装优点就加以采用。不论何事，善于学习别国的长处是我国的好传统。[1]

谈话尚未结束，但仅从这几段对话就可以看出当时对于大多数中国人来说，服装不仅仅是日常生活必需品，穿本民族服装还是继承祖先遗志的象征。因此，改革服装对于当时的中国人来说真不是一件轻而易举的事。围绕是否改革服制一案，改革派和保守派形成了鲜明的对立，服制问题甚至发展成了关乎是否继续保留原有政治制度的大问题。在何如璋赴日本的前一年，清政府向英国派出了第一批公使。当时的正使郭嵩焘和副使刘锡鸿也在服制改革这个问题上存在分歧，由此我们隐约能看

1　日本外务省编：《日本外交文書》第九卷，1940年版，第177页。

到思想对立的萌芽。[1]

即使现在，仍然有不少学者把是否支持服制改革作为区分改革派和保守派的依据。改革服制绝不是个简单的问题，它是窥察人物思想和心理活动的有效手段。在这一点上，何如璋认可日本的服制、礼仪改革，很明显属于赞成派。

但并非所有大使都与何如璋一样持同样的观点。与何如璋开明的见地相反，副使张斯桂持保守态度。在张斯桂的《使东诗录》中有一首名为《易服色》的诗这样写道：

椎髻千年本色饶，沐猴底事诧今朝。
改装笑拟皮蒙马，易服羞同尾续貂。
优孟衣冠添话柄，匡庐面目断根苗。
看他摘帽忙行礼，何似从前惯折腰。[2]

副使张斯桂这首诗并没有像何如璋的诗那样显示出开放的心怀，对外部世界新鲜事物持有强烈的关心。从他的诗可以感受到，张斯桂作为公使团中最年长的外交官，他身上有那股对传统文化的固执和对改革的谨慎态度。他认为：椎髻是日本明治维新之前男子留的发髻，是有着千年历史且特色鲜明的传统发式，但如今事态发生了令人瞠目的变化。日本的服制改革就像“沐猴而冠”一样，外表华丽，内涵却尽失。这样的

1 副使刘锡鸿控诉正使郭嵩焘是卖国贼，其三大罪状之一是：在英国有次参观炮台，天气骤变，陪同的一位英国人将自己的大衣披在郭嵩焘身上。刘锡鸿认为 “即令冻死，亦不当披”（曾永玲：《郭嵩焘大传》，辽宁人民出版社1989年版，第263页）。

2 张斯桂：《使东诗录》，钟叔河主编：《日本日记·甲午以前日本游记五种·扶桑游记·日本杂事诗（广注）》，岳麓书社1985年版，第145页。

服制改革就像给马披上了一层皮，恰如“狗尾续貂”，被人嗤笑，颜面尽失。原本犹如庐山景色般多彩多姿、独具特色的传统服饰而今却成了笑柄，并与传统文化断了根。看日本人现在见人便行脱帽礼，这怎能比得上昔日弯腰行礼有魅力呢？

张斯桂的这首诗把他对明治政府改革服制、礼仪等措施的不理解表露无遗。同为公使，何、张二人观点却大不相同。

关于服制改革，书记官黄遵宪也有客观的记述。向日本天皇递呈国书后不久，公使团迎来了在日本的第一个新年。黄遵宪随同公使团与各国使节一起参加了朝贺新年的仪式。他详细记录了当时人们的服装、礼仪等情形。

肘挟毡冠插锦貂，肩盘金缕系红绡。
前趋客座争携手，俯拜君前小折腰。

朝会皆大礼服，以免冠为礼。冠或肘挟，或手执。冠制皆狭长，前后锐而中尖，以白黑羽为饰。皆毡衣革履。有勋爵者蹙金线于袖，自肩至腰斜披以红缘白绫，以系勋章。武臣皆佩剑。新年朝贺，邻国公使皆在列。见客趋而前，皆握手通殷勤。入朝进退皆三鞠躬，无拜跪礼矣。明治六年始易服色，然官长居家，无不易旧衣者。[1]

黄遵宪的诗和短文没有副使张斯桂那种感性的情感表达，都是客观的描写。然而即便如此，黄遵宪的描写也清楚地透露出了他所关心的问题。拜见日本天皇不行跪拜礼以及服制、礼仪的改革等现象还是给黄遵

1　黄遵宪著，钟叔河辑校：《日本杂事诗广注》，湖南人民出版社1981年版，第72页。

宪留下了深刻的印象。在大清，迫于外国人的压力，皇帝接见外国使节时不得不免去了跪拜礼，但是要求本国臣民仍然要一成不变地恪守着老祖宗留下的规矩。黄遵宪在日本亲身经历了之前无法想象的事。短文的结尾写到日本人在公共场合下穿洋服，而回到家时则“无不易旧衣者”。他记录下了日本新旧文化巧妙融合的情形。对于黄遵宪来说，这并不是仅仅因为觉得有趣才记录下的，这些为他之后进一步充分了解日本奠定了基础。由此我们可以看出，当人们面对异国文化时会呈现出适应性，并能积极地从中汲取营养，这正是跨文化交际应有的态度。

第四章
发现日本美

一
往来无虚度

公使团一行到日本后，受到了日本文人特别是汉学家们的热烈欢迎。汉学家们时常拜访大使馆，有时也会邀请公使外出游玩或参加宴会。汉学家石川鸿斋、原高崎藩的领主大河内辉声（源桂阁）、修史馆御用担当宫岛诚一郎等都是大使馆的常客。[1]他们就诗文、社会问题等话题展开广泛交流，相处非常愉快。大河内辉声还用文字记录了与清朝公使馆人员交流的乐趣。

> 结交清人，相识日深，情谊月厚，而其交游之妙，胜于西洋人远矣。盖西洋人神气颖敏，行事活泼，孜孜汲汲，覃思于百工器用制造也。至清国人则不然，百官有司，庙谟之暇，皆以诗赋文章，行乐雅会，善养精神，故性不甚急也。……京畿之商贾，天下之人

1 日本关于公使团成员与日本文人交流的先行研究成果主要有实藤惠秀的《近代日中交涉史話》（春秋社1973年版）和佐藤三郎的《近代日中交涉史の研究》（吉川弘文馆1984年版）等。

士，其求名趋利辈，宜交西洋人；高卧幽栖，诗酒自娱之人，宜交清国人也。[1]

图4-1　大河内辉声

图4-2　宫岛诚一郎

公使团由当时清朝一流的文人组成，他们出身进士或举人，精通“四书五经”，善作诗文。这里所指的文人也叫作“士大夫”“读书人”，他们的思想和气质受儒家文化的影响很深，并认为参加科举考试是文人毕生的志向。关于这一点，小野和子写道：“他们为参加科举考试尽读儒家经典，努力推敲诗文。一般把这种以科举为目的研究学问、有一定儒学修养的人称作‘士大夫’。由于他们修养较高，也被称作‘读书人’。”[2]公使团文人的才华深深地吸引了当时日本的汉学家，他们与日本汉学家有着共同的文化修养，因此双方的交流非常顺畅。就这样，使节团的成员们也逐渐理解了日本的传统文化。

当然，在他们理解日本的过程中也遇到了很多障碍。在与日本汉学家

1　刘雨珍编校：《清代首届驻日公使馆员笔谈资料汇编》，天津人民出版社2010年版，第606页。

2　［日］小野和子：《読書人と諸生》，《文化史》，大修馆书店1968年版，第228页。

交流的时候，公使团成员们曾一度认为日本没有固有文化，所谓日本文化不过是汉文化的枝节末流而已。因此，他们认为明治初期的欧化热是日本人舍弃中华文化，追崇西洋文化的结果。他们没有认识到日本也有特有的文化，而且有着与中国不同的西洋文化价值观。要想克服这一心理障碍，就必须加深对日本固有文化的理解。随着公使们与日本友人交流的进一步深化，他们逐渐感受到了日本的美。同时，他们开始意识到自己国家存在的各种弊病。

书记官黄遵宪认为，在理解日本文化的过程中有两大课题：一是对日本文化独特性的理解和再认识。日本文化的独特性往往被中日两国文化“同文同种”的观点掩盖。二是对日本选择吸收西洋文化这一事实以及对西洋文化本身的理解。在黄遵宪把真正的日本介绍给国人之前，大部分中国人认为日本文化只不过是中华文化的枝节末流，日本人是徐福带去的三千名童男童女的后代。[1]在这样的认知之下，中国人很难理解日本人为什么要舍弃深厚的中华文明而选择吸收西洋文化。黄遵宪在国内时未能真正理解日本，还曾借来日本之机，寻找过传说中的海外三神山。事实上，在黄遵宪踏上日本大地的那一刻起，他就感到来到了“世外桃源”。他把自己来日本的第一印象记录了下来。

> 有客长崎者，为言：商贾交易以诚信，妇姑无勃谿声。道有拾遗者，必询所主归之。商人所佣客作，令司管钥；他出，归，无失者。盛哉此风，所谓人崇礼让、民不盗淫者耶？[2]

---

1 受《史记·秦始皇本纪》的影响，当时大部分中国人认为道士徐福带领童男童女数千人到蓬莱、方丈、瀛洲海上三神山求长生不老药，一去不复返，他们这些人成了日本人的祖先。

2 黄遵宪著，钟叔河辑校：《日本杂事诗广注》，湖南人民出版社1981年版，第59页。

夕阳红树散鸡豚，荞麦青青又一村。
茅屋数家篱犬卧，不知何处有桃源。[1]

黄遵宪被日本社会的宁静和质朴打动，心中充满无限感慨。对于刚从清末战乱中走出来的黄遵宪来说，这种感动是油然而生的。在他的眼里，日本就是现实存在的桃花源，在这里他饱览了日本美丽的自然风光，感受到了纯朴的民风。他怀着浓厚的兴趣观察着日本的一切。

俗好游，春秋佳日携酒插花，屐声裙影，妆束如古图画中人。[2]

日本的美好、纯朴以及如画的美人都极大地慰藉了黄遵宪的心灵。在日本体验到的宁静和纯朴，满足了中国文人骨子里对桃花源的憧憬之心。就连日本的庭院，黄遵宪也毫不吝惜赞美之词。他写道：

覆院桐阴夏气清，汲泉烹茗藉桃笙。
竹门深闭云深处，尽日惟闻拍掌声。

喜园亭，贫家亦花木竹石，位置幽而雅。门设常关。行其庭，阒然如无人者。余尝访友，笔谈半日，不闻人声；呼童点茗，亦拍手而已，使人翛然有出尘之想。客来必出寒具，或呼酒浆，出妻子跪献盏，殷殷之意可感也。[3]

---

1 黄遵宪著，钟叔河辑校：《日本杂事诗广注》，湖南人民出版社1981年版，第59页。
2 黄遵宪著，钟叔河辑校：《日本杂事诗广注》，湖南人民出版社1981年版，第157页。
3 黄遵宪著，钟叔河辑校：《日本杂事诗广注》，湖南人民出版社1981年版，第159页。

黄遵宪对日本的称赞是通过不断地与清朝现实社会对比而得出的。1874年夏天，黄遵宪为参加廷试乘船来到天津，又从天津走陆路赶往北京。他在从天津去往北京的途中路过了一座叫作武清的小镇。武清位于京郊，是个充满古代遗风的地方，但是当时呈现在黄遵宪眼前的却是一片惨败的景象，完全感受不到“世外桃源”的气氛。令人期待的古代遗风如今都哪里去了？他不由感慨万千，写下了组诗《武清道中作》，其中第四首写道：

唐魏风同俭，幽并气不豪。
龙衣将瓦覆，牛矢压墙高。
忧患家多口，荒凉地不毛。
最怜罗马拜，中妇乞钱号。[1]

图4-3　日本庭院

1　黄遵宪著，钱仲联笺注：《人境庐诗草笺注》，上海古籍出版社1981年版，第130页。

真是一片引人落泪的悲惨景象！黄遵宪在武清看到的“牛矢压墙高”与在日本看到的“贫家亦花木竹石，位置幽而雅”形成了鲜明的对比。最让他感到痛心的是“最怜罗马拜，中妇乞钱号”。在贫穷中自暴自弃的国人给黄遵宪的内心笼罩上了一层阴霾，而这种压抑之情却在日本得以治愈。当他看到日本人“客来必出寒具，或呼酒浆，出妻子跪献盏”这等周全的礼节，写下“殷殷之意可感也”这句话时，心中涌动着怎样的情愫呢?

与黄遵宪一起来日本的何如璋也对日本人的质朴和对美的追求感同身受。他赞美道:“东人喜为园亭。贫仅壁立者，亦种花点缀。”不仅黄遵宪和何如璋，当时的公使团成员应该都对日本产生了同样的印象。

写下《武清道中作（其四）》这首诗的时候，黄遵宪为讨钱的农妇感到悲哀，他意识到这不单单是物质上的贫困，更是社会的衰退、人性的堕落。同时，他对不能给予百姓希望的清政府也产生了怀疑。在《武清道中作（其五）》中，黄遵宪感慨道:“天恩才咫尺,民气不衣冠。”

京城近在咫尺，老百姓却不能沐浴天子的恩泽，民生衰败，食不果腹，衣不蔽体。正如《论语》所讲，“君子正其衣冠”，衣蔽体、头裹帽，这是对君子装束的基本要求。对于接受儒家礼仪道德教育、通过了科举考试、即将成为国家栋梁的黄遵宪来说，百姓民不聊生、衣冠不整的生活现状着实给他带来了沉重的打击。连一国之都的郊外都治理不好，由此他对无法正“礼仪”的“天朝”产生了极大的怀疑。

正是有了以上经历，来到日本后的黄遵宪才对日本的美好格外敏感。他对日本传统文化孕育出的那种即使生活清贫也不忘追求美的日本人那种悠闲的生活状态表现出了极大的兴趣。美好的第一印象对黄遵宪进一步理解日本起到了很大作用，并成为他抛弃中华大国自负意识的开端。他明白了大海对面并不是神秘缥缈的传说中的“三神山”，而是真实的、充满魅力和未知的新天地。

二
樱诗唱和

公使们在日本的生活可谓丰富多彩，其中“赏花”活动尤其受到公使们的青睐，是公使馆最重要的活动之一。可以说，樱花作为日本国花被中国人认可，与黄遵宪大篇幅的介绍和论述密不可分。黄遵宪把樱花与日本文化结合起来，留下了众多诗歌。

毋庸置疑，黄遵宪写下的大量樱花论作是他在日本四年生活中的研究成果。这些论作很大程度上源自日本友人对日本文化的热情介绍。在众多日本友人中，常与黄遵宪笔谈的原高崎藩的领主大河内辉声对他的影响最大。

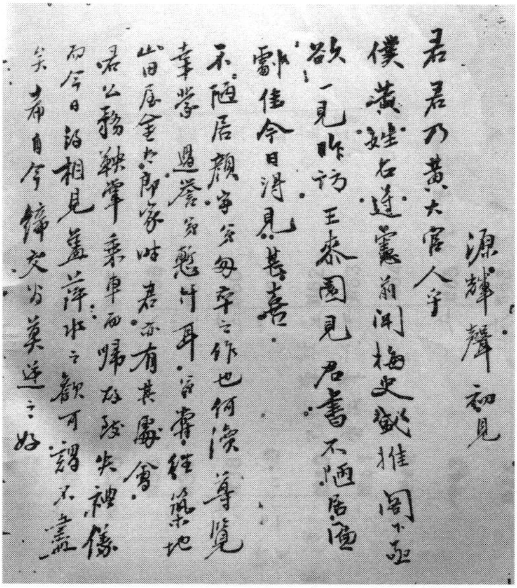

图4–4　黄遵宪与大河内辉声的笔谈

公使团赴日后的第一个春天来了，何如璋对日本的赏花活动充满了期待。早春三月的一天，何如璋借大河内辉声来公使馆拜访之际向他询问樱花开放的时间，并特意叮嘱大河内辉声不要忘记与自己赏花的约定。大概是公使们对赏花的热心让大河内辉声感到了作为日本人的责任，他细心地做好了赏花的准备。

除大河内辉声之外，黄遵宪也把赏花作为公使馆一项正式活动开始着手准备。在准备的过程中最让大河内辉声担心的是场所和天气。首先，他最担心的是招待公使们去“旗亭”（日本人赏花常去的酒楼）是否妥当。其次，如果约定的那天下雨怎么办。围绕这两点，大河内辉声曾特意到公使馆通过笔谈的方式与公使们进行协商。

四月十四日，大河内辉声到访大使馆，与黄遵宪进行协商。

黄遵宪：樱花不既落否？连日风雨，殊闷损人。

大河内辉声：我墨水樱树，早樱居半（早樱叫彼岸樱，后开者叫八重樱），虽稍飘零，亦大有不满放之处。如十六日好佳节也。

接下来是赏花地点的选择。那段时间由于公使馆的几个随员在酒楼过分玩乐产生了不良影响，因此，何如璋下令禁止去旗亭之类的地方。大河内辉声对此事也有所耳闻，于是写信给黄遵宪询问正使的意向。次日（十五日），双方终于通过书信选定了赏花地点。

第二天，大河内辉声一早就通过人力车车夫给黄遵宪送来了手信，信中写道：

> 昨扰府，辱赐清茗，一吃之下，却为笔话之兴，不意文辞勃起，终扯风流之话，春日之长，觉甚短矣。兹问何公使等登旗亭之事有允许否？倘使公使向导于无意往之处，固仆所不甘焉。而如雨则如何？虽塘上樱花，雨中亦有景致；驷马驶泞，复不便。乃至如细雨则无妨乎？具请指示。仆自有所命庖厨。匆匆不宣。伏候刻安。[1]

黄遵宪很快给大河内辉声回了信。

1 刘雨珍编校：《清代首届驻日公使馆员笔谈资料汇编》，天津人民出版社2010年版，第68页。

昨日辱访，所云旗亭之饮，以告公使，公使云：“无所不可。”敢以复达。楹联遵命途就，鄙陋不足陈览观，甚愧也。[1]

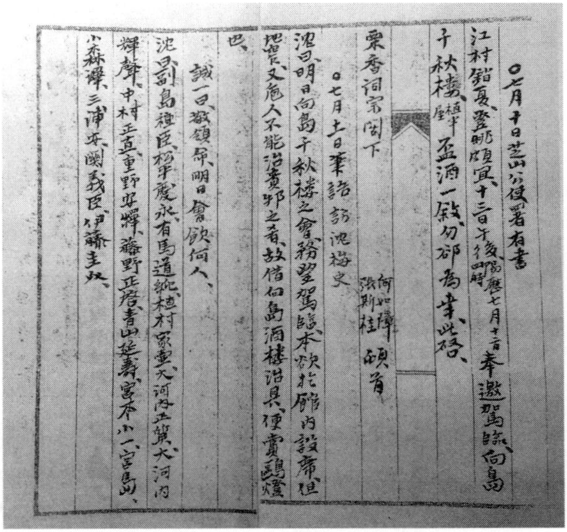
○七月十日芝山公使署有書
江村貂裘、登眺頗宜、十三日午後四時奉邀駕臨、向島
千秋樓、盃酒一敘、勿卻為幸、此啓、
何如璋
張斯桂 頓首
栗香詞宗閣下
○七月十二日奉諾訪沈梅史
沈曰、明日向島千秋樓之會、務望駕臨、本欲於館内設席、但
地窄、又恐人不能治責邪之責、故借向島酒樓治具、便賞鷗鷺
也、
誠一曰、敬領命、明日會飲何人、
沈曰、副島種臣、松平慶永、有馬道純、植村家壷、大河内正質、大河内
輝聲、中村正直、重野安繹、藤野正啓、青山延壽、宮本小一、宮島
小森澤、三浦安、關義臣、伊藤圭介、

图4-5 赏樱邀请函

大概是大河内辉声和公使们的心愿感动了上天，明治十一年（1878）四月十六日，令人担心的连日阴雨竟然停了，天空晴朗，是个极适合赏花的好天气。

下午一点，除了因病缺席的沈文荧之外，以何如璋为首，副使张斯桂、书记官黄遵宪以及几位随员悉数抵达大河内辉声的府邸桂林庄。天气晴朗，何如璋神清气爽地说道：“连天阴雨，快值晴明，天公真是解事。”

大河内辉声同时邀请了汉学家加藤熙（号樱老）同席参加赏花活动。樱老精通古乐，这一日带来了笙、筚篥等传统乐器。

1 刘雨珍编校：《清代首届驻日公使馆员笔谈资料汇编》，天津人民出版社2010年版，第68页。

一行人乘船来到向岛，在樱之堤漫步，到白须神社附近的茶馆喝茶休息，复而继续漫步，后来来到一家叫作植半的料理店，一边饮酒一边赏花。明治四十年（1907）出版的《东京案内》一书记载了关于向岛一带的描述：

称得上东京名胜的地方首先要数上野和向岛，沿着隅田川东岸的堤坝向下走，有一处胜地名为隅田堤。隅田堤又称葛西陂、大堤、墨堤，被小梅、须崎、寺岛、隅田这二街二村环绕。

关于白须神社附近的情况，《大河内文书》中这样记载道：

附近有百花园和旧花月花坛，从白须神社往东南方向约两条街距离处有座莲华寺，再略往北可见梅若冢木母寺、隅田川神社、小松岛、隅田川御殿以及御前的一大片田野。再往前走是水神之八百松料理店、奥之植半、钟渊。

公使团一行漫步在这些风景名胜中，饱览了盛开的樱花。

这天樱老兴致特别高，他感慨道：今日盛会，和汉一席，开辟以来一大盛事。席间樱老演奏了宫廷雅乐“越天”，黄遵宪听后评价说：“樱老此奏，殊使人飘飘有凌云气，仆固不解者。然所谓暗中摸索，亦自可识也。”

樱老得此知音，不禁向黄遵宪介绍起日本的音乐。从樱老、大河内辉声和黄遵宪关于音乐的谈话中可以看出黄遵宪研究日本的热情以及对异域文化的态度。樱老的雅乐结束后，庭院里接着响起了“大神乐”，三人当时的对话如下：

樱老：堂下胡部偶与堂上雅乐颂翕然并起，天上人间，俱同欢乐，是亦一奇。

大河内辉声：楼下俗乐，叫做“大神乐”，至其百般妙技，则有所不可测。

黄遵宪：其始于何时？在神武纪元之前？后耶？

大河内辉声：其来也久矣。敝邦之乐，起于神武以前。相传天照大神匿身于岩穴而不出，天下人民皆讼苦，有力士手力雄命者，排闼而扯焉，时天钿女（乃女神也）奏乐云，盖敝邦古乐之始也。以降数千年，有如斯之俗乐。

黄遵宪：亦殊不俗。

大河内辉声：使樱翁假扮那俗乐生，则其趣如何？天下婵妍可举见其标致。

黄遵宪：樱翁亦不为之。假令樱翁肯为之，其乐便亦不俗。

大河内辉声：樱翁乐雅而不乱，那俗乐野而不贵。然而樱翁数吹，不为红裙所爱；俗乐才演，观者如堵。嗟！今日人情之堕落，于一此事可知也。

黄遵宪：此理自然，无足深怪。若使人人能知雅乐，乐亦无所谓雅郑矣。

樱老：黄遵宪公乃初谒，私钦其高学，才子！才子！

黄遵宪对日本传统音乐的极大兴趣感动了樱老。黄遵宪能够客观地评价雅与俗，能够认识到文化的意义，这种态度为他以后开展对日本的研究打下了基础。黄遵宪不仅向樱老等日本友人询问了音乐方面的知识，还就樱花一题提出了各种疑问。

黄遵宪：此岛樱花有数百株？敢问。

樱老:一望约里许，难以数计。

黄遵宪：此花有所谓八重樱者，何以名之?

樱老：重瓣。

音乐很美，伴着音乐赏花更美。大家不约而同地举起笔来作诗，来咏赞樱花之美和赏花之乐。

何如璋

飞觞不惜醉蒲桃，海外看花第一遭。
有客正吹花下笛，阳春一曲调尤高。

张斯桂

春风花事醉樱桃，人影衣香快此遭。
归去欲携花作伴，折枝不怕树头高。

黄遵宪

长堤十里看樱桃，裙屐风流此一遭。
莫说少年行乐事，登楼老子兴尤高。

大河内辉声

墨堤十里放莺桃，诗酒来游快此遭。
博得华筵才子赋，洛阳纸价一时高。[1]

大河内辉声见清朝使节们如此尽兴，感到十分开心。如此，大河内辉声和樱老等日本人不断为公使们创造接触日本文化的机会，对他们进一步理解日本文化起到了很大作用。

---

1 刘雨珍编校：《清代首届驻日公使馆员笔谈资料汇编》，天津人民出版社2010年版，第74页。

三
樱花文化论

黄遵宪在日本期间每逢春天必去赏花，通过不断接触日本文化，从而加深了对日本的理解。每次赏花他都会把当时的心境写到诗中，努力从文化论的角度理解日本文化。

黄遵宪创作了不少关于樱花的诗文。《日本杂事诗》中有三首，诗中描写了日本赏花活动的壮观景象，介绍了赏花习俗，阐述了这种赏花习俗的独一无二性。另外，《人境庐诗草》中收录了一首长达五百字的七言诗，诗中赞美了日本的赏花风俗，对其在文化上的意义给予了高度评价。在学术著作《日本国志》中，他也设置了特别章节，从文化论的角度专门对樱花和赏花习俗进行了考察和研究。

黄遵宪在他的著作中就“樱花”一题反复进行了论述，表达了他在日本的赏花体验以及所感所思。黄遵宪在上述三部作品中反复强调了樱花之美、赏花大会之壮观，以及赏花这一传统之所以流传不息其背后文化的深厚性。

在《日本杂事诗》中，他这样咏赞了赏花大会的壮观景象。

> 朝曦看到夕阳斜，流水游龙斗宝车。
> 宴罢红云歌绛雪，东皇第一爱樱花。[1]

黄遵宪还在诗后备注了关于樱花的详细说明。首先，黄遵宪对樱花到底是一种什么样的植物进行了如下描写：

1　黄遵宪著，钟叔河辑校：《日本杂事诗广注》，湖南人民出版社1981年版，第163页。

樱花，五大部洲所无。有深红，有浅绛，亦有白者，一重至八重，烂熳极矣。种类樱桃，花远胜之；疑接以他树，故色相亦变。[1]

接着，黄遵宪又描写了日本人对樱花的热爱和赏花大会的盛大景象：

三月花时，公卿百官，旧皆给假赏花。今亦香车宝马，士女征逐，举国若狂也。东人称为花王。墨江左右有数百树，如雪如霞，如锦如荼。[2]

黄遵宪爱上了如此美丽的樱花，在尽享樱花之美的异国他乡，他觉得仿佛来到了桃花源。他又写道：余一夕月明，再游其地，真如置身蓬莱中矣。黄遵宪就是以一颗如此热爱樱花的心给予了赏花习俗极高的评价。

《日本杂事诗》中另有一首诗，黄遵宪活用日语“团子贵于花”（意即舍华求实，好看的不如好吃的）一词描写了日本人赏花时的一个场面。

抟花作饭胜胡麻，嚼蕊流酥更点茶。
费尽挼莎才结果，果然团子贵于花。

有卖樱饭者，以樱和饭。有卖樱饼者，团花为馅，或煎或蒸，

1、2　黄遵宪著，钟叔河辑校：《日本杂事诗广注》，湖南人民出版社1981年版，第163页。

谚有“团子贵于花”之谣。卖樱茶者，点樱为汤，少下以盐，人谓可以醒酒。花枝或插于帽，或裹于袖，或系于带，游客归时，满城皆花矣。[1]

黄遵宪不惜笔墨赞美樱花之美和日本人的爱花之心。还有一位中国人和黄遵宪一样喜爱樱花，他叫朱舜水，明朝末年流亡到日本。曾受教于朱舜水门下的水户藩大臣、儒家学者安积觉在《朱文恭遗事》中写道：

先生酷爱樱花，庭植数十株；每花开赏之。谓觉等曰：“使中国有之，当冠百花……”义公环植樱树于祠堂旁侧，存遗爱也。[2]

朱舜水爱樱花，认为如果中国也有此花，应为百花之首。在中国，人们常把海棠比作温柔的美人，这样过于褒奖海棠使得樱花之美被忽视了。这种对海外竟然存在美过中国之物的感慨是与后人黄遵宪所共有的。朱舜水把自己的亡国哀思寄托在樱花上，通过樱花进一步理解了日本人的内心世界。水户藩的儒学家中村顾言有一首诗也写出了朱舜水的这一心境。

独对山樱感岁华，东风戚戚旧烟霞。
川棠洛牡皆膻气，故爱扶桑第一花。[3]

远离故乡，无亲无故的朱舜水在年复一年独自赏花的过程中更加深

1　黄遵宪著，钟叔河辑校：《日本杂事诗广注》，湖南人民出版社1981年版，第164页。

2　［日］稻叶君山编：《朱舜水全集》，东京文会堂明治四十五年（1912）铅印本，第724页。

3　［日］山田孝雄：《樱史》，讲谈社学术文库1990年版，第262页。

刻地体会到了岁月的飞逝。春天的东风吹过，带着悲伤，故乡的情景仿佛又浮现在眼前。娇美的海棠、华丽的洛阳牡丹都已落入少数民族的统治之中。对他而言，这些娇嫩的花儿透着羊膻味，令人恶心。他已经爱上了自由、勇敢的樱花。

德川光圀非常理解朱舜水这种亡国之恨和认同日本美的纯粹之心。朱舜水过世后，德川光圀在他的祠堂周围种下了许多樱花树，以告慰其在天之灵。

黄遵宪与朱舜水一样喜爱樱花，都有一颗欣赏日本美的纯粹之心，二人有诸多相通之处。为缅怀朱舜水先生，黄遵宪在《日本杂事诗》中写下了这样一首诗：

海外遗民竟不归，老来东望泪频挥。
终身耻食兴朝粟，更胜西山赋采薇。[1]

在这首诗中黄遵宪赞美了朱舜水作为明朝遗民不屈不卑的气节。亡命海外的明朝遗民年老体衰，最终只能在日本遥望故乡，老泪纵横。可叹曾在故土坚持抗清，建号兴朝的孙可望竟然也投清归旗。朱舜水对孙可望降清感到羞耻，最终亡命于日本，未能归乡。商代的伯夷、叔齐也曾耻食周国之米，但说到底身在周国，所食薇亦乃周国之物。相比之下，黄遵宪觉得朱舜水更了不起。黄遵宪与朱舜水一样，都是奔赴异国他乡并能够理解异国文化的人。

朱舜水之所以喜爱樱花，与德川光圀的影响密不可分。德川光圀喜欢大樱花树，曾得到一株冬樱并作诗咏赞。他在诗的序中写道："曾闻

---

1 黄遵宪著，钟叔河辑校：《日本杂事诗广注》，湖南人民出版社1981年版，第120页。

骏府有冬樱，渴望已久。遂府吏大久保赠与一株，栽之灌之，朝视暮探。今冬始花，喜爱备至。”

从这段序言可以充分看出德川光圀对樱花的喜爱。下面这首诗也充分体现了这种忘我的爱樱之心。

> 白樱树下倒金尊，天为幕兮地为席。
> 惜花终夜移灯看，不知东方既将白。[1]

樱花树下，酒过千樽，惜花开短暂。不觉过了一夜，不知几时天都亮了。德川光圀喜爱樱花不仅对朱舜水，也对后人黄遵宪产生了影响。

黄遵宪在《日本国志》中写下了一篇樱花论。在第三十六卷《礼俗志》中特设了“赏花”这一章节，详细介绍了日本樱花和赏花习俗，并在“外史氏曰”一节从文化论的角度对日本人的赏花习俗进行了考察。在这里，黄遵宪引用了《后汉书》的记载，指出日本是个自古就喜欢游玩的民族。他认为德川时代继承并发扬了日本人的这一民族特性，对社会的安定和繁荣作出了贡献。

> 德川氏承战争扰攘之余，思以觞酒之欢，销兵戈之气。武将健卒，多赏花品茗，自命风流，游冶之事，无一不具。二百余载，优游太平，可谓乐矣。[2]

黄遵宪把日本的太平盛世比作陶渊明笔下的桃花源，并把这一见解写在了七言长律《樱花歌》里，收录在《人境庐诗草》中。《樱花歌》

1 ［日］山田孝雄：《樱史》，讲谈社学术文库1990年版，第260页。

2 黄遵宪著，钟叔河辑校：《日本杂事诗广注》，湖南人民出版社1981年版，第157页。

中写道：

将军主政国尚武，源蹶平颠纷斗虎。
德川累世柔服人，渐变战场成乐土。[1]

诗句的大意是：将军执政时国家多尊武，源氏和平家激烈的争斗造成了国家大乱。到了德川时代，改武治为文治，代代君主均推行怀柔政策，获得了百姓支持，因此国家逐渐从战场变成乐土。黄遵宪对德川时代的文治政策给予了很高的评价。接着，黄遵宪在诗中歌颂了德川氏是怎样通过赏花这一活动引导国家向崇尚美的气质发展的。

将军好花兼好游，每岁看花载箫鼓。
三百诸侯各质孥，争费黄金教歌舞。
……
承平以来二百年，不闻鼙鼓闻管弦。
呼作花王齐下拜，至夸神国尊如天。[2]

可见黄遵宪彻底喜爱上了樱花，并把樱花看作是日本优秀文化的象征之一。他对江户时代德川氏实行以推崇赏花为代表的文治政策，从而保证了国家长治久安这一史实给予了极高的评价。在高度评价日本社会民风淳朴、安定的同时，黄遵宪不断地对比自己在清朝的各种经历。正是由于经历了苦难，他才极力主张避免战争和内乱。

黄遵宪是在18岁时结婚的。结婚没几日，太平天国军余部就突袭

1　黄遵宪著，钱仲联笺注：《人境庐诗草笺注》，上海古籍出版社1981年版，第231页。
2　黄遵宪著，钱仲联笺注：《人境庐诗草笺注》，上海古籍出版社1981年版，第231—232页。

了他的故乡嘉应州。黄家一族为避难从老家逃了出来。由于这次内乱，嘉应州死亡四千余人，黄遵宪的家也遭到了洗劫，财物尽失，世代生活的老屋由此荒废。战乱平息后，黄遵宪写下了一首诗，诗中说：

终累吾民非敌国，又从据乱转升平。
黄天当立空题壁，赤子虽饥莫弄兵。[1]

黄遵宪认为，庶民造反只会使自己的国家更加混乱。因此他在诗中主张“赤子虽饥莫弄兵”。到日本之后，他看到日本社会安定，百姓祥和，于是把日本作为学习的典范，试图从历史、文化背景中寻找原因。也正是因为这样，黄遵宪才对德川幕府“德川累世柔服人，渐变战场成乐土”给予了极高的评价。

黄遵宪在观察明治新政府时，对日本的国民性给予了很高的评价。他研究日本明治政府的国税制，了解到“一饮一食、一技一艺”都要纳税，国民负担沉重。对于这一点他是这样写的：“士大夫之不喜新法者每生谤议，独未尝以此责执政也。”在这篇文章中他还写到，假如中国人遭遇同样的课税会作出怎样的反应。“设以吾民当此，必疾首蹙额以相告，为士大夫者，又或微言刺讥，咏歌而嗟叹，以为苛政之猛于虎矣”。

黄遵宪对在日本接触到的许多事物都不惜赞美之词。与之相比，他常常感到清朝逊色太多，这种反差给他带来了沉重的打击。面对盛开的樱花和悠闲赏花的日本人，黄遵宪忧国忧民的思想越发强烈。他不断地祈祷自己的国家能重返美好时代，同时也希望邻国日本桃花源般的生活能够永远持续下去。黄遵宪在前文提到的《樱花歌》这首诗的后半部分写下了对现实的忧虑。

1　黄遵宪著，钱仲联笺注：《人境庐诗草笺注》，上海古籍出版社1981年版，第21页。

当时海外波涛涌，龙鬼佛天都震恐。
欧西诸大日逞强，渐剪黑奴及黄种。
芙蓉毒雾海漫漫，我自闭关眠不动。
一朝轮船炮声来，惊破看花众人梦。[1]

鸦片战争之后，中国传统的文化、经济体系遭到破坏，逐渐从天下太平的美梦中醒来。黄遵宪不得不对西洋人的侵略产生不满和抵触，他诚心地向众神祈祷：

我闻桃花源，洞口云迷离，人间汉魏了不知；又闻净土落花深四寸，每读《华严经》卷神为痴。拈花再拜开耶姬，上告丰苇原国天尊人皇百神祇：仍愿丸泥封关再闭一千载，天雨新好花，长是看花时！[2]

诗的末尾处，黄遵宪的感情变得激昂，他打破了七言诗的规则，自由地运笔措辞，真切地希望这花开遍地的太平盛世能够长存。

本章探析了黄遵宪由赏花所触发的樱花文化论。他赞美樱花，称颂德川时代的文治政策。他把希望寄托在东洋桃花源上，表现出了对西洋冲击的抵抗。但是黄遵宪这种反抗的思想说到底不过是他复杂内心世界的一个侧面。在西方国家的进攻之下，清朝一步步衰落，已无计可施。黄遵宪对清朝的这一现状感到非常担忧。然而，同样是遭到西方冲击的日本却能通过明治维新推行的一系列改革积极学习西方之长，从而实现自强，具备了抵制西方的实力。因此，在黄遵宪内心萌生了必须认清西洋合理性的念头。赏花是黄遵宪理解日本文化的开端，为其后来研究日本文化打下了基础。

1、2　黄遵宪著，钱仲联笺注：《人境庐诗草笺注》，上海古籍出版社1981年版，第238页。

第五章

琉球交涉

一

提出强硬对策

图5-1 琉球王宫

1875年7月，日本政府强令琉球国王停止对清政府的朝贡，并命其改用明治年号。清政府针对琉球问题采取了慎重的态度。在何如璋赴日本上任之前，他就被委以重任要探究琉球问题的本质，就解决琉球问题进行建言。“琉球世守藩服，岁修职贡，日本何以无故梗阻？是否借端生事，抑或另有别情？着总理衙门即传知出使日本大臣何如璋等，俟到日本后，相机妥筹办理。”[1]根据指示，何

---

1 王彦威、王亮辑编：《清季外交史料（全10册）》第1册，湖南师范大学出版社2015年版，第189—190页。

如璋到达日本后就针对琉球问题展开了积极的外交活动。

琉球王国当时是清政府的朝贡国之一，基于这一认识，何如璋对其存在的重要性有十分深刻的认识。抵达日本后不久，何如璋就向总理衙门提交了解决琉球问题的意见书。对于日本阻止琉球向清政府朝贡的做法，何如璋表达了以下看法：

> 夫阻贡大事也。阻贡而涉日本，邻封密迩，稍有不慎，边衅易开，是事大且有关于安危利害也。[1]

在何如璋看来，周边的附属国是国防线，保护这些附属国的权益实则就是捍卫本国的权益。而且，既然各附属国将清朝作为宗主国进行朝贡，那么作为宗主国自然也有守护这些国家的义务。见到当时的日本政府坚持吞并琉球的强硬姿态，何如璋积极思考应对之法。1878年5月，他向总理衙门提交了自己的应对方略。何如璋的策略分为上、中、下三策：

> 一面辩论，一面遣兵船责问琉球，征其贡使，阴示日本以必争，则东人气慑，其事易成。此上策也。
>
> 据理与争，止之不听，约球人以必救，使抗东人。日若攻球，我出偏师应之，内外夹攻，破日必矣。东人受创，和议自成。此中策也。
>
> 言之不听，时复言之。或援公法，邀各使评之。日人自知理屈，球人侥幸图存。此下策也。[2]

1 《清光绪朝中日交涉史料》卷一，光绪三年（1877）五月十四日。

2 何如璋著，吴振清、吴裕贤编校：《何如璋集》，天津人民出版社2010年版，第95页。

在上述上、中、下三策中，何如璋希望清政府能够予以采纳的自然是手段强硬的上策。本文无意对何如璋对日强硬策略的合理与否以及是否具有可行性作出评论，而意在就何如璋是基于对日本怎样的认识、基于怎样的儒家思想观点提出了上述强硬论调进行论证。并且，何如璋的这一对日强硬外交设想在其提出后不久即被自己推翻，本书还将就他的这种态度逆转背后伴随着怎样的外部影响和内心挣扎进行探究。

何如璋所主张的强硬政策是在其对日本形成的认知基础上提出的。他认为当时的日本就国力而言是无法与清朝抗衡的。他在呈交总理衙门的奏章中列举了若干日本不可能挑起战端的理由。

首先，何如璋对日本的国土及人口情况进行了如下分析：

他认为，与当时中国广阔的国土相比，日本的国土面积狭小，甚至还不及广东、广西两省面积之和，全国的财政总收入也还不及江浙一带的总收入。而对于日本的国民，何如璋使用了“民细而质柔”来描述，这一看法与明代以来由倭寇演变而来、固定于中国民众印象中残暴的日本国民形象大相径庭。何如璋指出，倭寇属于乱民范畴，与普通的日本国民有很大不同。他认为在当时的日本国内，拥有较强武装力量的也不过萨摩和长州两藩而已。

关于日本的财政状况，何如璋指出，废藩以后，日本实行各类改革，国家负债已超过一亿两白银，近年来也不过就是靠发行纸币在掩人耳目。

接下来何如璋又用具体数字说明了日本的军备情况。根据他的陈述，当时的日本刚刚完成了军制改革，以农养兵，常备军只有三万二千人，海军则尚不足四千人，军舰十五艘且多已陈旧不堪，无法运转。虽新近向英国预定了三艘战舰，但因财政困难只有一艘交付至横滨。而且这些战舰名义上说是铁甲舰，但实则只是以单薄的铁板铸成。因造船经费不足，一艘战舰的制造也不过花费三十余万两白银，且日本人对于战舰的操控技术和作战方法都还不熟练。

如上所述，何如璋在奏章中指出了他到日本上任后所观察到的当时日本表象化的一些问题，由此提出了以下主张：

> 今日本国势未定，兵力未强，与日争衡，犹可克也。隐忍容之，养虎坐大，势将不可复制。[1]

何如璋的对日强硬对策正是基于以上考量而提出的。但在当时，何如璋对日本的分析及其对策却并未得到多数人的认可。

二
反对派的主张

关于明治初期日本的军事力量，何如璋向总理衙门提出了自己的看法，但当时与他持同样观点的人并不多。实际上，当时大权在握的李鸿章也未曾对何如璋的奏报予以采信。李鸿章在读过何如璋的奏章后立刻作出了批示，在给何如璋的回复中他这样描述了日军新造的军舰：

图5-2　李鸿章

1　何如璋著，吴振清、吴裕贤编校：《何如璋集》，天津人民出版社2010年版，第94页。

所购铁甲船，闻甲有四寸，似非铁皮五六分厚者可比。[1]

清政府当时通过诸多途径掌握了日本军事力量方面的相关信息。总理衙门之后收到的同文馆翻译的外国报纸中，就出现了美国前总统格兰特关于中日之间军事力量对比的言论。

格兰特于1879年夏季造访日本。当时他受清政府之托，充当了琉球问题的调停者。回美国后，他对中日两国的军事实力进行了以下描述：

中国追不及日本远甚。因中国虽有洋操，而其器械均系英美旧制，所用火器现为美国及欧洲各国所弃而不用者。且其兵丁平日习尚嬉游，不以临阵为念。至日本兵丁，则余尝见其操演，步伐整齐，为从来所罕覯。其士之精良，训练之纯熟，以及所用军械悉系新制，足与欧洲各国相颉颃。[2]

作为旁观者，格兰特的这一发言具有一定的客观性。何如璋只注重事实表面，对明治维新所倡导的“富国强兵”口号下日本人强烈的上进心和学习西方的坚定性却视而不见。

比格兰特更早注意到中日之间这种差异的人是王韬。他在《西人重日轻华》一文中猛烈地抨击了清政府的腐败和其体制的落后。其中特别以军备为例，他论述了清朝和日本在学习西方文化方面的不同：

（中国）其所谓师用西法者，皮毛而已。日本之效西法，虽亦

1 顾廷龙、戴逸主编：《李鸿章全集》第32册，安徽教育出版社2008年版，第312页。

2 《清季中日韩关系史料》，台北中研院近代史研究所1972年版，第401页。

> 仅得其一二，而军舰可自驾驶也，枪炮可自制造也，陆军水师皆能以西法演练也，一旦虽无西人为之指挥，亦能纵横于大洋之中，交战于洪涛巨浸间，以侥幸于万一。若中国，则即予之以战舰，问有驾驶之人否，无有也；即予之以大炮，问有施放之人否，无有也。[1]

在对当时中国的军备状况进行了严厉的指摘后，王韬又对清政府进行了以下批判：

> 平时则喙长三尺，临时则手重千钧。聚讼盈廷，制断无人，穷年不能成一事，终岁不能践一言。[2]

在这之后何如璋所面对的祖国现状正如王韬所描述的一般。在琉球问题上，何如璋内心充斥着复杂的心情，其中既有由于对日外交困难所带来的对日印象的恶化，也有对于期许祖国强大的强烈愿望和执着信念。正是这种复杂的心理，导致何如璋对中日两国综合国力的判断产生了偏差。何如璋赴日本上任之初，正值日本近代化军事制度逐步确立的时期，而作为参赞的黄遵宪则在这一时期已经开始关注日本的新式军队。

在《日本杂事诗》中就能看到黄遵宪描述日本新式军队训练场景的诗句：

中将登坛妙指挥，宫妃鹄立亦戎衣。

1、2　任清编选：《唐宋明清文集（第二辑）·清人文集》，天津古籍出版社1964年版，第1890页。

连环拐马连珠炮，更请君主看一围。

海陆军制皆别详《兵志》中。海陆军皆有操练场，小队每日习之，间数月一大操。君及母后、妃后或临观焉，戎服督队，容肃而仪简。兵仿西法，枪炮连发，分屯互击，若对敌者。步伐整齐颇可观……[1]

在这里，映入黄遵宪眼帘的，是以天皇为首的日本国家首脑对近代化军队建设的热情和士兵训练的严整性。黄遵宪感慨天皇的“容肃而仪简”、士兵的“步伐整齐颇可观”。

黄遵宪的这部《日本杂事诗》记录了他到日本以来的见闻，于赴日上任的第二年，即明治十一年（1878）春季完稿。此时日本正发生了史称“竹桥骚动”的近卫炮兵谋反事件，后颁布了《军人训诫》，要求日本军人无条件服从天皇。于是黄遵宪看到的恰恰是在强兵道路上势头正盛的日本军队的风貌。

黄遵宪除观摩了部队的军事训练外，还参观了军官学校。参观后，他写下了这样的感想：

海陆军有士官学校，专以教帅兵者。凡地之险要，器之精良，阵之分合，兵之进退，营垒之坚整，手足之纯熟，一一有成书，绘以图，贴以说；图说所未尽者，以木土肖其形：一览可知，不啻聚米之为山也。又身验而力行之，无事之时，若临大敌者。[2]

1 黄遵宪著，钟叔河辑校：《日本杂事诗广注》，湖南人民出版社1981年版，第80页。

2 黄遵宪著，钟叔河辑校：《日本杂事诗广注》，湖南人民出版社1981年版，第105页。

黄遵宪因见军官学校“无事之时，若临大敌者”的训练场景而十分吃惊，并且详细记录了相关教育内容。参观当日，有栖川炽仁亲王也陪同在侧。参观结束后，黄遵宪以《陆军官学校开校礼成赋呈有栖川炽仁亲王》为题作五言长诗赠亲王。黄遵宪认识到建设军官学校的重要性，在诗中这样写道：

为将不知兵，是谓卒予敌。
不教驱之战，岂能出以律？[1]

黄遵宪在这里借《汉书·晁错传》中“器械不利，以其卒予敌也；卒不可用，以其将予敌也；将不知兵，以其主予敌也；君不择将，以其国予敌也”一段话指出，作为将领如果不懂指挥，在战斗时只会把士兵的生命葬送给敌人。而不对士兵加以教育就派其出战，就无法令其听从指挥而采取行动。

接下来，黄遵宪还在诗中表达了他的看法。他认为当时世界已经进入了“沧海不可隔”的时代，闭关锁国已行不通。他对日本在这样的时代选择打开国门、汲取古今内外优秀文化为己用，并致力于富国强兵的道路大加赞赏。他写道：

近年欧罗巴，兵法盖无匹。
广轮四海图，上下千年籍。
择长以为师，悉命译人译。[2]

1　黄遵宪著，钟叔河辑校：《日本杂事诗广注》，湖南人民出版社1981年版，第105页。
2　黄遵宪著，钟叔河辑校：《日本杂事诗广注》，湖南人民出版社1981年版，第106页。

近年来，欧洲兵法先进，无可匹敌。日本广泛收集古今中西的图鉴和书籍，从中选取优秀的部分作为学习对象，并悉数进行了翻译。目睹了日本如此积极学习外国文化、在富国强兵的道路上越走越强的现实，黄遵宪认识到，同在亚洲的国家也必须与日本一样付出努力。黄遵宪认为，亚洲各国只有通过相互竞争走向富强，才能共同抵御外敌，守卫国家安全。他将自己这样的认识写到了诗中：

同在亚细亚，自昔邻封辑。
譬若辅车依，譬若掎角立。
所恃各富强，乃能相辅弼。
同类争奋兴，外侮自潜匿。[1]

中国和日本同属亚洲，自古以来两国关系密切，睦邻和平，辅车相依，守望相助。国与国之间要共同走向富强，才能互相帮助；同类国家之间相互竞争，力求奋发，才能消弭外侮。在这里值得关注的是，黄遵宪与何如璋在对待日本强兵政策看法上的不同。对于日本的军备扩张，何如璋时而认为其已经构成了对邻国的威胁而加以非难，时而又认为日本的兵力不值一提，清朝的军事力量强大，如果以强硬姿态应对，日本自然会畏缩。但当黄遵宪目睹了日本军队的强大，不禁由衷钦佩并受到了鼓舞，他认识到中国也必须要走自强的道路，只有让自己的国家也如这般奋发图强，才是与日本共荣共存的出路。黄遵宪认为，只有各国实现了各自的富强，才可以谈互助共荣。同在亚洲的各国只有共同走上自强的道路，谋求本国的振兴，才能抵御西方的侵略，以保祖国不受外侮。黄遵宪怀着这样的感

1　黄遵宪著，钟叔河辑校：《日本杂事诗广注》，湖南人民出版社1981年版，第106页。

想写下了上述的诗篇。也正是由于黄遵宪持有这样的想法，才能在清朝与日本两国政府就琉球问题和朝鲜问题交涉困难的时期，对日本的军备情况进行客观的观察。黄遵宪以这一时期自己的见闻和所收录的各类资料为蓝本，著成《兵志》六卷，并将其收录在了《日本国志》一书中。

曾经受托出面为两国进行调停的美国前总统格兰特在对日本的情况进行了实地考察后，在写给李鸿章的信件中，表达了与黄遵宪所主张的邻国之间只有相互协作、相互竞争、奋发图强，才是抵御外侮的正途这一观点相同的见解。信里有这样一段话："我看亚细亚洲只有中华、日本可称两大强国，甚盼两国各设法自强，诸事可得自主。"[1]

格兰特的主张与黄遵宪基本一致。而最初低估了日本军事力量的何如璋，因为受到了黄遵宪的影响，在其后发表关于日本军事力量的言论时也变得慎重了起来。

三
"不服药为中医"论

何如璋对待琉球问题的态度，受两种因素影响：一方面来自他对中国传统朝贡国制度崩溃的恐惧，另一方面则来自宗主国理应对弱小的朝贡国负有保护责任的利义观。在这一点上，何如璋这一时期的外交思想与以李鸿章为首的清朝首脑层的外交认识并无差异，都来源自古以来中国天朝上国式的朝贡与册封的外交模式。

何如璋的对日强硬论，是他基于对当时清朝和日本现状的分析提出

1　顾廷龙、戴逸主编：《李鸿章全集》第32册，安徽教育出版社2008年版，第469页。

的。但是他的分析在很大程度上偏离了客观现实。李鸿章对何如璋这种维护宗主国利义观的强硬态度产生了共鸣，但对于何如璋所进行的两国现状分析却持反对意见。当时，李鸿章和总理衙门分别对何如璋就琉球问题提出的上、中、下三策发表了看法，李鸿章在提交总理衙门的函中这样写道：

图5-3　守礼之邦

子峨向钧署所陈上中下三策，遣兵船责问及约球人以必救，似皆小题大做，转涉张皇。惟言之不听时复言之，日人自知理绌，或不敢遽废藩制改郡县，俾球人得保其土，亦不借寇以兵，此虽似下策，实为今日一定办法。[1]

在这里，李鸿章明确地选择了何如璋三策中的下策。李鸿章的这种看法与总理衙门的判断是一致的。总理衙门也认为何如璋所提出的上、中二策有虚张声势之嫌，因而提出了据理诘问的交涉方针。

依据清政府的方针，何如璋于明治十一年（1878）十月七日向日本外务卿寺岛宗则提出了据理诘问的照会。在照会中，何如璋以历史性的

1　顾廷龙、戴逸主编：《李鸿章全集》第32册，安徽教育出版社2008年版，第321页。

观点来看待琉球与中国的关系，依据琉球在历史上一直接受中国的册封，从未断绝朝贡，以及琉球与其他国家签订条约时使用的也都是中国的年号、文字等事实为根据，论证了琉球确为中国属地的事实。何如璋还引用了《中日修好条规》第一条中“两国所属邦土，亦各以礼相待，不可稍有侵越，俾获永久安全”的表述，指出了日本所谋求的吞并琉球实则是违反了该条约的规定。何如璋对日本的这种行为进行了强硬的诘问：

> 我政府闻之，以为日本堂堂大国，谅不肯背邻交，欺弱国，为此不信不义无情无理之事。[1]

在这里，何如璋指责日本吞并琉球是欺侮弱国的行为，其性质是无信无义、无情无理的，并对寺岛宗则提出了以“信义情理为基准”解决琉球问题的希望。

何如璋在这封照会中所主张的外交准则源自儒家提倡的“信义”“情理”思想。此时的他试图以儒家的思维方式来应对外交交涉事宜，但结果发现这样的思维方式在国际社会是行不通的。何如璋一方面通过反省鸦片战争以来中国的对外关系，认识到国家实力并非解决外交纷争的决定性因素；另一方面当他介入到与日本的外交事务中时，却不由自主地陷入了以儒家思想的价值观来论证日本行为的谬误。

何如璋认为抗议日本吞并琉球的举措是为了维护正义而非为了国家利益，他在向寺岛宗则提出的照会中开头这样写道：

> 查琉球国为中国洋面一小岛，地势狭小，物产浇薄，贪之无可

1、2　日本外务省编：《日本外交文書》第十一卷，1949年版，第271页。

贪，并之无可并。[1]

这句话的言外之意是中国并非为利益而试图保护琉球。但何如璋内心深处果如他自己所言，将琉球视作微不足道的存在吗？实际上，何如璋十分清楚地认识到琉球对于中国的重要性。在提出上述照会之前，何如璋向清政府总理衙门提交关于琉球问题函时，曾就琉球的重要性这样写道：

> 查琉球虽小，近三万户，课丁抽练，不止万人。弃之以资敌，并坚其事敌之心，日人练之为兵，驱之为寇，习劳苦、惯风涛，不出数年，闽海先受其祸。[2]

何如璋在考虑琉球问题时，始终以本国利益为先，他坚决保卫朝贡国的目的无外乎是保证本国利益。并且，对他来说，琉球与中国的关系始终都是中央大国和周边小国的关系，在他的这种看法当中不难看到根深蒂固的天朝上国的思想。所以，关于清朝与琉球的关系，他才会将其表述为："我大清怜其弱小，优待有加；琉球事我，尤为恭顺。"[3]

但在19世纪后半叶的国际关系中，何如璋的这一主张已经行不通了。何如璋所主张的"信义""情理"之说，起初就是为了保护受到日本威胁的藩属国琉球王国。日本试图吞并琉球，无非是为了自己国家的利益。美国国际政治学家汉斯·摩根索将国际政治定义为"某一国家为了向其他国家施加影响所必需的谋求国力的斗争"，"以道德为幌子的政

2　何如璋著，吴振清、吴裕贤编校：《何如璋集》，天津人民出版社2010年版，第96页。

3　日本外务省编：《日本外交文書》第十一卷，1949年版，第271页。

治主张无论其装裱得如何具有普遍性，多数情况下其本质都是为特定国家利益服务的，绝对不可以等同于真正具有普遍性的道德原理”。另一位认为道义属于国家力量一部分的人是国际政治学者E.H.卡尔，他将这种力量分为“军事力量、经济力量和支配思想的力量”。在以“国力道德”为核心的国际问题谈判过程中，所要求的自然就是以国力为基础的交涉。但是，清政府并不具备何如璋所主张的真正出动军队的实力。因此，在琉球问题上清政府的应对十分谨慎。总理衙门的交涉方针是日本是故意寻衅来挑起事端的，千万要避免再横生其他枝节。经过深入讨论，在琉球问题上，清政府认为相对于谋求彻底的解决办法，更重要的是避免与日本的摩擦，从而选择了维持现状的消极做法，对与日本之间的纷争采取了无视的态度。

李鸿章认为对琉球问题的处理方法也应该是维持现状，而这种想法的出发点是因为清政府不具备与日本硬碰硬的实力，且与日本争斗也无益于本国利益。但如果被日本夺去琉球也会令清朝陷入困境，所以在外交层面要尽量与其延长交涉，从而牵制日本。在李鸿章写给何如璋的信件中，他的这种想法表露无遗。

> 若再以威力相角争小国区区之贡，务虚名而勤远略，非惟不暇，亦且无谓。鄙意以为中国与之淡漠相遭，殆即古人不服药为中医之说……[1]

李鸿章的这种消极态度，正是出于对日渐衰落的封建帝国的无力叹息。虽然身处这种无力的现状，却对往日的荣光难以忘怀，还试图保全既有的利益，这就是李鸿章所谓“不服药为中医”的思想全貌。古人认

1　顾廷龙、戴逸主编：《李鸿章全集》第32册，安徽教育出版社2008年版，第312页。

为“有病不治，常得中医”，意思是有病与其被误治不如不治，这样反而能得到中等水平的治疗效果。但对于当时实际从事对日外交活动的外交官何如璋来说，李鸿章的这种束手无策的“中医理论”只能成为他苦恼的根源。

四 夹缝中的苦战

事实上，只能以“国力道德”为手段直面对日交涉的何如璋陷入了艰难的境地。日本就何如璋的照会进行了正面反击，采取了强硬态度令其撤回照会，否则将断绝外交交涉。

在十月七日收到何如璋的照会一个多月后的十一月二十一日，外务卿寺岛宗则写了一封语言精练的信给何如璋，试图以此为契机断绝与何如璋的交涉。一周之后，何如璋再次向寺岛宗则发出了意在敦促其重新考虑琉球问题的照会，但寺岛则以“事到如今无需再议”为由拒绝了何如璋的要求。与此同时，寺岛宗则还向国际社会鼓吹，中日两国重启谈判的障碍恰恰就在何如璋一方。

1879年夏，美国前总统格兰特的随员杨越翰在给李鸿章的信件中这样描述了何如璋与日本外务省交涉的艰难局面。

> 日本亦甚愿与中国公议此事，因何钦差不熟悉交涉体例，前行文外务省措词不妥，有羞辱日本之意，是以不便回复，置之不理。如果中国肯将此文撤销，日本无不愿商议的。[1]

1　顾廷龙、戴逸主编：《李鸿章全集》第32册，安徽教育出版社2008年版，第453页。

充当调停者的美国前总统格兰特在给李鸿章的信中表达了何如璋的照会会成为中日两国谈判障碍的看法。他在信中这样写道：

从前两国商办此事，有一件文书措语太重，使其不能转弯，日人心颇不平。如此文不肯撤销，以后恐难商议。[1]

格兰特的这封信对李鸿章产生了很大影响，他在收到这封信的第二天向总理衙门递交了《密议何子峨》一文，表达了对何如璋外交谈判能力的怀疑。文中有这样一节：

子峨虽甚英敏，于交涉事情，历练未深，锋芒稍重。其第一次照会外务省之文，措词本有过当，转致激生变端。语云：出好兴戎，可为殷鉴。副使张鲁生久不相能，鸿章曾寓书劝勉。[2]

但总理衙门并未以何如璋措辞不当为由令其撤回照会。后来，李鸿章也察觉到这起照会事件不过是事后日本外务省的策略。关于照会内容，李鸿章在九月二十四日发给杨越翰的回信中阐述了以下见解。

日本似借词不与商办，为事后掩盖之计。当初若怪照会失词，不妨由其驻京公使与我总理衙门理论，何必急急废灭球国，转将照会之语自行坐实？[3]

---

1 顾廷龙、戴逸主编：《李鸿章全集》第32册，安徽教育出版社2008年版，第474页。
2 顾廷龙、戴逸主编：《李鸿章全集》第32册，安徽教育出版社2008年版，第478页。
3 顾廷龙、戴逸主编：《李鸿章全集》第32册，安徽教育出版社2008年版，第482页。

在这里，李鸿章一改之前的看法，认为所谓的照会问题不过是日方作为拒绝与何如璋谈判的借口，日本外务省以这种手段试图让吞并琉球成为既成的事实。日方认为清政府不会动用举国之力来应对此事，这一点从当时伊藤博文内务卿写给驻清朝公使宍户玑的私人信件中也能看出端倪：当时何如璋与外务卿的谈判没有任何下文。由何如璋发往外务省的来往照会与总理衙门的照会大同小异，且无非都是夹杂了些打口水仗的文章，外务卿的回答也是讲讲歪理来应付罢了。

如伊藤博文所言，日本政府在与清政府就琉球问题交涉的同时，也在切实推进吞并琉球的进程。

但即使是与日本正式交涉的愿望遭到拒绝，何如璋还是不辞辛劳通过各种途径奔走斡旋。从这一时期何如璋与日本友人的笔谈记录中就可以窥见他所付出的努力。

这一年（明治十一年，即1878年）的十二月一日，何如璋与宫岛诚一郎的笔谈中，就有关于积极解决琉球问题方案的内容：

> 中东本宜唇齿相依，但此球在中东之间颇好，若有谬落外人之手，则忽为东洋祸根，今之时不可不有两便之法。[1]

何如璋与宫岛诚一郎的初次会面是在到日本赴任之后不久的明治十一年（1878）二月。初次见面，宫岛诚一郎就与何如璋就中日两国“兄弟之国”的关系达成了共识。

> 宫岛诚一郎：贵邦与敝国唇齿相持，真兄弟之国也。近年泰西

1 刘雨珍编校：《清代首届驻日公使馆员笔谈资料汇编》，天津人民出版社2010年版，第469页。

气运方极旺盛，火船火车与电线并通消息，才有衅隙，便开兵端，以逞吞噬。今也东洋幸无虞，岂可安逸怠惰，以喜一日之无事哉！两大国宜以此时益厚交谊，以图他日也。高明以为如何？

何如璋：尊论是极刻。以亚细亚洲论，惟我国与贵国形势最近，交亦宜倍亲近。[1]

正是由于有了以上共识，何如璋才会试图通过宫岛诚一郎，让自己意在避免中日之间关于琉球问题争端的想法在日本政府内部得以推进。何如璋的这种努力在他与大河内辉声的笔谈中也能看到。在同年（明治十一年，即1878年）十二月十五日与大河内辉声的笔谈中，何如璋就琉球问题的解决表达了以下看法：

大河内辉声：顷琉球人屡来公署，其事系谈文事欤？将系谈俗累欤？

何如璋：皆系为其国事而来，非文非俗，近乎公事。此事现与外务省言之，君知之否？

大河内辉声：现闲散放肆之人，岂何知公事？更问琉球国或为贵邦之属，或为敝邦之属，从来论者不一定，其事实果如何？儿视其衣服暨姓名等殆为贵邦之属，君以为如何？

何如璋：顷与外务省言，照旧章办理，我两国均不必计较太明，此系交邻之善法，亦情理兼行之事。外务省似不遽喻此意，殊可惜。

大河内辉声：外务省论此事为谁？何言而不喻之。

1　刘雨珍编校：《清代首届驻日公使馆员笔谈资料汇编》，天津人民出版社2010年版，第436—437页。

何如璋：外务省所复之文，无理可言，第以虚词相答。鄙意琉球自为一国已千余年，非贵国诸藩可比。若外务省执而不悟，我亦无法周全其间，此事所关贵国利害甚大，愚当不欲尽言之。[1]

从何如璋与大河内辉声的这番对话不难读到政府间正式谈判的大门被关闭后何如璋的心情。他愤慨于日本外务省不讲道理和敷衍应付，并采用了含有警告意味的言辞，告诫日本政府如果依旧执迷不悟，事态的发展将对其国家利益产生损害。何如璋的奔走宣传扩大了其影响力。在明治十二年（1879）四月七日的《东京日日新闻》中就刊载了一篇题为《琉球处置仓促决定内情——由中国抗议引发的纠纷担忧》的报道，其中关于公使何如璋和参赞黄遵宪有这样的记述：

今日听闻京中一些口无遮拦的年轻人传说，中国公使近来似乎向相关部门提出了什么棘手的问题。其大致为日本政府染指我国附属国，向外务省确认此事，外务省回信说，册封琉球国王为藩主一事乃是琉球国王根据其国情提出的主张。将此事与琉球国官员确认，却说将琉球国王封为藩主使其与日本华族相提并论实乃是日本政府强迫为之，琉球举国上下自此悲苦不堪。因此，基于两国长久以来的交往，我国政府（清政府）向日本发出照会，意在请其按照旧例处理琉球问题，听说其后不久就会见分晓。……又听闻清国首席参赞某氏向人言及，对于琉球的处置若如今日之事态，我等公使的去留尚难推断，所以能与足下会晤的时间已所剩无几，为此深为惋惜。

1 刘雨珍编校：《清代首届驻日公使馆员笔谈资料汇编》，天津人民出版社 2010 年版，第 289—290 页。

对于公使何如璋来说，利用舆论也是其外交活动过程中很重要的一项工作。上述新闻报道以及笔谈等就是何如璋等清政府公使馆工作人员采取的外交宣传的手段。

在这些宣传中，何如璋并非只是对日本政府进行了警告，同时也提出了自己关于琉球问题解决方案的设想。何如璋的解决方案就是遵照旧例进行处理，两国将琉球问题暂时搁置，不要将其作为问题扩大化。何如璋在自己的宣传中将其称作"交邻之善法"。曾经积极地主张对日强硬对策的何如璋提出这种消极的"交邻之善法"，是其践行清政府外交方针的表现。这其实就是李鸿章所谓"不服药为中医"理论的再现，反映了总理衙门日本是故意寻衅来挑起事端的，千万要避免再横生其他枝节的外交方针。

可以想见，在清政府上述外交政策之下，何如璋的外交活动是十分艰难的。其后何如璋在写给朋友丁日昌的信中，这样描述了自己在琉球问题谈判过程中的苦恼：

> 则如璋辈之不才，虽复含诟忍辱，强颜与外人周旋，亦何所恤！……但日本志在灭球，不过借阻贡为缘起，则所争不在贡，而在球之存与亡。今事既至此，朝议仍命据理与争。惟日本举动，全视我之轻重以为因应，若终以撤使臣、绝互市持之，或有转圜。不然则彼惟措词搪塞，延宕而已。然彼既得志，则得步进步，眈眈虎视，后患更恐日深耳！[1]

---

1 何如璋著，吴振清、吴裕贤编校：《何如璋集》，天津人民出版社2010年版，第113页。

实际上，何如璋并不想进行口水仗式的交涉，而是希望能够与日本进行卓有实效的谈判。但是，他又不得不遵从以李鸿章为代表的国内政府层面的外交指令。何如璋就这样处于日本政府的强硬态度和清政府软弱姿态的夹缝中，被迫进行着艰辛的谈判。

五

自强的觉醒

对于琉球问题，何如璋最初提出了强硬的外交照会，而日本外务省则表现出异乎寻常的抗拒。这种双方的对立给何如璋的日本认知带来重大影响。何如璋所提出的强硬照会的背后，多多少少隐含着他自负的“天朝上国”的思想。何如璋认为如果以德治精神向日本呼吁交邻的道理与大义，对方一定会被感化。并且，他还确信，如果有必要，中国的军事实力是可以压倒日本这样的夷狄之国的。但是，现实并不如他所想得那么乐观。清政府的衰颓之态比何如璋想象得还要严重，甚至都没有诉诸武力的能力，也没有强有力的外交政策。何如璋奉若天下共通之真理的、符合中华民族传统义理观的“交邻之善法”，却得不到日本谈判对象的认可，甚至遭到了其毫不留情地反击。

对于试图以儒家思想主张的“信义”“情理”来主导外交谈判的何如璋来说，实在是难以理解上述外交照会事件产生的风波。但是，这一系列风波却迫使何如璋重新审视自己对日本的认识。1879 年末，何如璋再次向李鸿章寄出了关于琉球问题的函书。在这封函书中，他对日本的外交及军事状况进行了评价。

> 日本自变法后，善政无多，惟外交之事都能自主。又海、陆各

军，日讨国人朝夕训练，亦有成效……[1]

何如璋在失败的外交活动中感受到了日本外交方针的独立性，对其推进外交的强有力政策感到十分佩服。这种客观的态度对于何如璋来说具有非常重要的意义，从此何如璋开始认识到即使依靠军事力量来进行外交交涉，清政府也是比不过日本的。关于这一点，他这样写道：

> 必谓我兴师远征，深入其阻，彼见大敌当前，则协力齐心，足以坚拒，未必师有成功。惟彼亦恃我不能远来，故横行无忌，敢至于此。[2]

这一认识与何如璋赴日之初的强硬政策大相径庭，在这里何如璋第一次抓住了问题的关键。基于这样的认识，他在同一封信中关于琉球问题提出了以下建议："为今日计，一面行文驳诘，一面整顿海防。"可见，何如璋已经意识到本国军事力量之弱，从而深切地感觉到了强兵的重要性。

如前文所述，美国前总统格兰特的随员杨越翰也曾经在给李鸿章的信中极力主张自强方能自立的观点。

杨越翰在东京时，曾与何如璋就琉球问题深入交换过意见。杨越翰评价何如璋为"看他外面人颇和平端正，不像冒失得罪人样子"，为因照会事件而饱受争议的何如璋进行了辩解。而何如璋对杨越翰也同样抱有好感。他在寄给李鸿章的函书中，就杨越翰在美国报纸上关于琉球问题发表了支持清政府的言论一事评价道：刊布新闻乃全指日本为不是。

1、2　何如璋著，吴振清、吴裕贤编校：《何如璋集》，天津人民出版社2010年版，第111页。

由此可见，在琉球问题上，杨越翰是对何如璋产生了一定影响的。何如璋之所以能够客观地分析日本现状，高度评价日本的自强之策，并且认为清朝也必须奋发图强，可以说是杨越翰对其影响的一个反映。

> 我这几天日夜思虑，要帮同前主办好此事。据愚见，中国若不自强，外人必易生心欺侮，在日本人心中，每视中国弱自家强，所为无不遂者。彼既看不起中国，则无事不可做。日本既如此，则他国难保无轻视欺凌之事。据日本人以为，不但琉球可并，即台湾暨各属地动兵侵占，中国亦不过以笔墨口舌支吾而已。此等情形最为可恶，旁人看出此情，容易挑唆，从中多得便宜。中国如愿真心与日本和好，不在条约，而在自强。盖条约可不照办，自强则不敢生心矣。[1]

杨约翰紧接着又以美国为例，强烈谏言清政府只有自强才是国家独立生存的关键。杨越翰以一句力透纸背的“中国大害在弱之一字”总结了中国外交不振的原因。

像这样的情况，李鸿章和何如璋等人虽然已经有所认识，但被外人如此犀利地指出，想必他们的紧迫感会更加强烈。自强已经成为祖国存亡的关键问题。在此之前，何如璋一直认为在解决国际纷争时，只要自己有理，其他国家也一定会站在有理的一方来考虑问题，在他的多封奏章中都可以看到这样的观点。但是在以下这封给李鸿章的信中，他的这种想法却开始发生了动摇。他对西方人偏袒日本人的行为表达了极大的不满。

1　顾廷龙、戴逸主编：《李鸿章全集》第32册，安徽教育出版社2008年版，第454页。

> 日本年来交结外人，如英之港督、德之王孙等，要结无所不至。西人喜其学己，喜其媚己，每称其富强。而中国新闻得之西人者，辄铺张扬厉。其实言过其实也。[1]

此时到日本上任已经两年，又为琉球问题苦恼不堪的何如璋，第一次深切地感受到西方社会对待中国和日本态度的迥异。但是，何如璋对这样的现实并不只是单纯地表达了不满，在他的这种不满的背后还包含一种想法：如果中国能努力自强，也会受到西方的好评，不会再被轻视。此时的何如璋已经在进行日本自强方略方面的研究了。

关于西方为何重视日本、轻视中国这一问题，同时代的王韬更加直白地阐述了自己的见解。他在《西人重日轻华》这篇文章中写道：

> 西人方且以其一切遵循乎己，谓之有志自强，喜而昵之，钦而重之。平时凡有交涉之事，每不至于掣肘。而于我中国，每存凌侮欺藐之心，若以为不如日本远甚。[2]

在这里，王韬明确地阐述了何如璋想表达却没能表达的观点。拿出勇气正面认识如此令人心痛的事实，是放眼世界十分重要的第一步。与王韬相比，何如璋在心理上虽然还没有能完全敞开自己的胸怀，但他从琉球问题的国际交涉中也学到了很多知识。如后所述，何如璋以此为契机逐步展开了对日本的研究并作出了客观的评价。

1　何如璋著，吴振清、吴裕贤编校：《何如璋集》，天津人民出版社 2010 年版，第 111 页。

2　任清编选：《唐宋明清文集（第二辑）·清人文集》，天津古籍出版社 1999 年版，第 1389 页。

第六章
琉球谈判的背后

一
何如璋与兴亚会

明治十三年（1880），兴亚会在东京正式创立。公使何如璋也收到了该组织很多活动的邀请，但他都以冷淡的态度对待处理。参赞黄遵宪则更是利用舆论向社会呼吁要警惕兴亚会。但在现有的几种关于公使馆工作人员的研究成果中，都认为公使何如璋和参赞黄遵宪积极地参与了兴亚会的活动。[1]本章节不以兴亚会的研究为主要着眼点，而是对公使馆工作人员对兴亚会的态度、影响公使馆人员态度的原因，如琉球谈判问题、兴亚会主要成员之于公使馆的印象等问题进行调查和分析。[2]

明治十三年（1880）二月十五日《朝野新闻》刊登了关于兴亚会创

1　铃木智夫："（何如璋在日本）积极参与了兴亚会的组成和各类活动，非常活跃地开展了各种活动。"（《歴史学研究》1974年1月号）郑海麟："黄遵宪、何如璋等联合一班经常出入公使馆的日本友人，发起组织'兴亚会'。"（郑海麟：《黄遵宪与近代中国》，生活·读书·新知三联书店1988年版，第59页）

2　有关兴亚会的现行研究，可参考并木赖寿的《明治初期の興亜論と曽根俊虎について》（《中国研究月報》1993年6月号）。

立的报道。据该报道称，十三日下午四时，兴亚会创始会员在向久保町的茶馆集会，首先议定了入会准则以及即将创立的汉语学校的章程。就在之后一个月，兴亚会主要成员之一曾根俊虎[1]在拜访驻日公使何如璋时，就该组织创立的宗旨进行了以下陈述：

> “兴亚”二字，为要力挽我亚洲衰颓萎靡大局之意。即当此欲挽回全亚洲衰颓势头之时，需亚洲各国合纵连横、心志相同、缓急相扶、苦乐与共。[2]

关于清政府对兴亚会上述宗旨的反应，兴亚会的会报《兴亚会报告》进行了乐观的报道。

在明治十三年（1880）四月发行的《兴亚会报告》中有报道称，当时的驻日公使何如璋表示在读过曾根俊虎送来的兴亚会章程后回应说：“这章程甚详密，请将这本留此，当细细留心。本会的创立乃一盛举，我方将敦促我国民与阁下齐心协力。”报道还称双方“定下了齐心协力兴亚之约”。

这篇《兴亚会报告》关于清政府反响的记录的基调是乐观的，但其实清政府一方对于兴亚会的反应并不像这篇报道阐述的如此简单。

首先，公使何如璋的反应在报道中看似对兴亚会持全面支持的态度，但其实细读何如璋回答的字面意思，就能够明白何如璋的慎重姿态。

关于兴亚会的章程，何如璋回应说：“请将这本留此，当细细留

1　曾根俊虎，德川幕府武士，日本海军大尉，兴亚会核心人物。

2　《興亞会報告》第二集，明治十三年（1880）四月一日。《興亜会報告》为兴亚会会报，共有第二集（明治十三年四月）至第三十五集（明治十五年十二月），第一集作为《興亞公報》第一辑于明治十三年三月出版发行。

心。”此时对于在处理琉球问题中目睹了日本强硬的亚洲外交姿态的何如璋来说，兴亚会的章程不过是挂羊头卖狗肉罢了，虽然表面工作及其宣传都做得很到位，但必须警惕其言行不符。所以，比起空洞的理念，何如璋更主张为增进中日两国相互理解的现实努力。

> 今立会，当先求通语言，语言通则情意洽，而两国一切政教风俗，隐微曲折，彼是周知，渐渐联络，一气互维持,可以收唇齿相依之交。这章程甚详密，请将这本留此，当细细留心。[1]

基于以上的想法，何如璋没有出席兴亚会第一次集会。明治十三年（1880）三月九日，在回复兴亚会第一次集会的邀请时，他冷淡地说道：

> 很遗憾今日恰逢要务在身，无法参会。致辞一事也请转托与会

---

1 《興亞会報告》第二集，明治十三年（1880）四月一日，第6页。

原文为“这章程甚详密，请将这本留此，当细细留心”，但在伊东昭雄的解释里却将其认为是“这章程甚详密，望能以此章程为本，细细留意”（［日］伊东昭雄：《アジアと近代日本：反侵略の思想と運動》，社会评论社1990年版，第25页）。

笔者认为，何如璋对于兴亚会的态度到底也不过就是旁观者的态度，所以理应是不会持有认同兴亚会章程并“以此为本”的想法的。实际上原文当中也并没有这样的词句，这是对“请将这本留此”这句话的误译。所谓“留此”意指“放在这里”，而“当细细留心”当中的“当”意为“（自己）当然应该……”，并无“希望”他们留意的意思。这里只是何如璋自己要“留意研读”的意思。如果说何如璋有什么要配合兴亚会的事情，那便是建立汉语学校了。据宫岛诚一郎证言，何如璋就曾与大久保利通一起计划“在东京中心地区开设日汉两国语言学校，互设四名教师并两国学生六十名，教其从事两国间语言活动，共谋两国宏洪益”（《興亞公報》第一辑，明治十三年三月二十四日，第15页）。但上述计划因明治十一年五月十四日大久保利通被杀而夭折。何如璋对于大久保利通被刺一事极为愤慨，称日本“顽固之俗未化，十年来贵邦文明无进步也”（刘雨珍编校：《清代首届驻日公使馆员笔谈资料汇编》，天津人民出版社2010年版，第123页）。

的其他各位。我即使是勉强僭越也无话可讲。[1]

居住在天津的江口驹之助在《清国通信》中介绍了李鸿章的不同反应。

兴亚会创始人曾根俊虎、伊藤蒙吉经由香港和上海，不日将抵达天津。听闻二位在呈递直隶总督李鸿章的书信中，言简意赅地洞悉欧亚目前之大势，慷慨淋漓、议论明晰。李氏一读之下亦感其见识远大、志气雄壮，对其大加称赞。[2]

目前虽未发现李鸿章关于兴亚会的直接言论记载，但我们也能够大概推测到在琉球谈判过程中，认识到日本正在利用清政府与俄国之间的争端打压清政府的李鸿章会作何反应。兴亚会成立的当年，即1880年末，李鸿章就清政府与日本的关系向朝廷呈上了一份奏章，其中有一段写道：

倭人畏俄如虎，性又贪狡，中国即结以甘言厚赂，一旦中俄有衅，彼必背盟而趋利，均在意计之中。何如璋节次来函，亦屡称日本外强中干，内变将作，让之不能助我，不让亦不能难我，洵系确论。[3]

可以想见，持有上述日本观的李鸿章与驻日公使何如璋一样，对于主张中日合作的兴亚会所提出的要求，始终表现出了慎重的姿态。

---

1 《興亞公報》第一辑，明治十三年（1880）三月二十四日，第18页。

2 《興亞会報告》第八集，明治十三年（1880）七月二十九日。

3 顾廷龙、戴逸主编：《李鸿章全集》第9册，安徽教育出版社2008年版，第199页。

关于兴亚会的创立，当时循环日报社社长王韬的反应也值得推敲。兴亚会成立不久，曾根俊虎就到了香港，来劝说王韬加入兴亚会。对于曾根俊虎的劝说，王韬回答道："三百年来洋人横行霸道欺人太甚，这是鄙人日夜忧愁之事。贵兄创立兴亚会之壮举实在令人钦佩。请将鄙人也登录在册，必将尽微薄之力。"[1]曾根俊虎立刻同意了王韬入会的提议。紧接着，王韬又在《循环日报》上刊载了一系列关于兴亚会的报道。

其中，1880年4月29日，王韬以《日本兴亚会设立》为题写了一篇文章。他对兴亚会给出了很高的评价：日本人设立兴亚会之举，实乃有识者之伟大创造。第二天《循环日报》又以连续报道的形式介绍了兴亚会最近一段时期的活动，文中这样评价兴亚会："惟兴亚会之设，其意甚深而其识极远。"通过这样的报道可以看出，当初王韬对于兴亚会抱有很大的期待。但是，这种支持兴亚会的言论并没能长久。

二
黄遵宪对王韬的影响

明治十三年（1880），正值清政府与日本围绕琉球问题的谈判陷入僵局的时期。驻日公使何如璋和参赞黄遵宪认为，日本吞并琉球之举有悖信义、情理，他们对此进行了谴责。黄遵宪最初对琉球问题的真实感受发生在他赴日本上任途中。1877年末，公使团一行乘坐轮船到达神户。正当大家深夜熟睡的时候，一个面容肮脏、衣衫褴褛的人突然跳上了船，趴在地板上开始痛哭。细问之下才知道他是琉球密使马兼才，是

1 《興亞会報告》第四集，明治十三年（1880）五月十四日。

来恳求清政府对琉球施以援手的。这件事在精神上给黄遵宪带来很大的冲击，他在之后所作的七言长诗《琉球歌》中指责日本对待琉球的态度是“覆巢岂有完卵心”。并且，他还在与日本友人的笔谈中指责日本吞并琉球之举“属鼠偷狗窃之行，可耻孰甚”。

前文讲到王韬最初对曾根俊虎发出的入会邀请反应积极，对兴亚会的评价也很高。但后期他开始在报纸上发表一些批判兴亚会的文章。在这一态度转变的背后，当时的驻日公使团参赞黄遵宪对王韬的影响不可忽视。

王韬在明治十二年（1879）访问日本时与黄遵宪相识，二人意气相投，成为挚友。在东京，黄遵宪多次邀请王韬饮茶谈天。一天，黄遵宪对王韬这样说道：

> 沧海数千里外，乃得素心人啜茗乐谈，胸中磊魂忽觉消尽。月来乍闻秋风，时有莼羹鲈鱼之思，今夕乃不复思乡。[1]

王韬也将这段在东京时与黄遵宪的交往评价为：“君与余相交虽新，而相知有素，三日不见，则折简来招。每酒酣耳热谈天下事……洵当今不易才也。”[2]

黄遵宪在日本期间与日本的汉学者交流广泛，结下了深厚的友情。兴亚会的核心人物曾根俊虎也与黄遵宪有过接触，但曾根俊虎本人在公使馆中的评价并不好。在明治十一年（1878）三月十三日大河内辉声的笔谈中有这样的记录：

---

1 王韬：《扶桑游记》，钟叔河主编：《日本日记・甲午以前日本游记五种・扶桑游记・日本杂事诗（广注）》，岳麓书社1985年版，第465页。

2 黄遵宪著，钟叔河辑校：《日本杂事诗广注》，湖南人民出版社1981年版，第27页。

大河内辉声：我认为曾根君定是一个粗暴的人。你们又为何与他交往？

漆园：只因他懂一点作诗。

文荧：只是勉强与他维持来往。我对前日之曾根氏也并不赞许。

大河内辉声：你可以为他指正。

文荧：在我们国家以恭敬为美德，故官职越高则越应谦和待人。[1]

从上述笔谈中可以想见公使馆的人们认为曾根俊虎是一个不知谦逊、举止粗暴的人。曾根俊虎进入中国福州地区，乔装成清朝百姓的样子进行间谍活动，其活动被发觉后还引发了外交问题。这些消息当然也传到了当时的清国公使馆，所以公使馆的工作人员早就开始警惕曾根俊虎这个人了。

明治十三年（1880）二月九日，也就是兴亚会成立会议召开前四天，在公使馆中大河内辉声、陈访仲和石川鸿斋三人还围绕曾根俊虎进行了以下颇具批评意味的交谈：

陈访仲：曾根作诗连个平仄都不讲。

石川鸿斋：从未听闻谁与曾根这个人是诗友的。像他那样的诗人随随便便就能找出很多。我是不愿与其交往的。

大河内辉声：曾根某具有怎样的资历？为何会在长崎呢？[2]

---

1 ［日］实藤惠秀编译：《大河内文書：明治日中文化人の交遊》，平凡社1964年版，第68页。

2 ［日］实藤惠秀编译：《大河内文書：明治日中文化人の交遊》，平凡社1964年版，第70页。

由于外交层面和个人关系方面的问题，黄遵宪对兴亚会抱有一种消极的态度。而他关于兴亚会的直接发言或参加其集会活动的记录也未曾得见。虽然与他同时代的很多清朝人士都参与了兴亚会的活动，但作为与兴亚会接触机会最多的人，黄遵宪却全然没有谈到过兴亚会，可见他是在有意回避。

但从侧面来看，自己的挚友王韬加入了兴亚会，并且还对其大为赞许，黄遵宪对此表现出了极大的不满。兴亚会成立不久，黄遵宪就采取了以下行动。

读过王韬主办的《循环日报》中关于日本的报道后，黄遵宪给王韬写了一封信来表达他的不满。其主要内容为：美国报纸中谴责日本对琉球的政策的报道在国外引起了很大的反响，各国报纸争相转载。我读过《循环日报》转载的内容，其中关于批判日本的言辞全部被略去了。这其中定有深意。你看的内容翻译者是洋人、日本人还是中国人？他将批判日本的段落删去意欲何为？请一定要警惕不要被其利用。

王韬和黄遵宪在国际形势方面有很多共识。王韬从日本回国以后，黄遵宪不断以信件形式与王韬就国际形势交换意见。黄遵宪的对日见解给予王韬相当大的影响。关于琉球问题，黄遵宪在信件中这样写道：

> 五部洲人皆知日本之待我极为骄慢，皆群起而议其短。……今将敝署译汉并日本新闻寄呈，至原文具在，请复校之。[1]

黄遵宪的这一番发言立刻就反映在了王韬关于兴亚会的评论中。收到这封信之后的王韬，对兴亚会活动的看法发生了很大变化。后文还将

1　郑海麟、张伟雄编校：《黄遵宪文集》，中文出版社1991年版，第147页。

介绍王韬所撰写的《兴亚会杜其弊论》一文，从中可以看出他作为兴亚会的一员，态度已从赞美转变为批判。

王韬的思想转变引起了兴亚会的警惕。在兴亚会会报《兴亚会报告》（明治十三年，即1880年十一月十五日）中，转载了王韬的文章并附加了评语。

> 阅读《循环日报》时发现其中有一篇题为《兴亚会杜其弊论》的文章。其文章大意不过是杞人之忧、杯弓蛇影罢了。故现将此文再次转载，以向天下公开。世间自然有熟谙本会宗旨的人士会出来主持公道，不需要本报对这篇报道的无理之处进行反驳。

被指“杞人之忧”的王韬的文章是这样开头的：

> 日本人创立兴亚会，其志则大，而其事势之难处，意见之各殊，则非特等于无补空言，且将类于阴谋诡计也。盖太上以德感人，其次莫如恩威并济，信义相孚。今日本无端而构衅台湾，蓄谋而剪灭琉球，则其所为睦邻者，概可知也。[1]

紧接着王韬以“水能载舟，亦能覆舟”的比喻发出警告称，兴亚会秉承优秀的理念创会，但其以增进国与国之间理解为目的的语言学习以及他国形势调查等活动，稍有不慎就会演变成“侦查他国的手段，从而助长觊觎邻国国土的野心”。

王韬的论述一方面彰显了兴亚会远大的理想，另一方面又尖锐地指出了兴亚会的作用非但无益于解决中日之间存在的矛盾，有时甚至还会

---

1 《興亞会報告》第十二集，明治十三年（1880）十一月十五日。

带来掩盖矛盾的后果。

综上所述，王韬对兴亚会态度的转变，与黄遵宪对他的影响是分不开的。公使馆一方对于兴亚会始终采取冷淡的态度，这种态度在很大程度上来自对日本的不信任。同时，兴亚会的核心人物曾根俊虎本人在文人团体中风评很差也是重要原因之一。总之，在琉球谈判的背后隐藏着这样戏剧化的情节。

三 公使对日本的研究

1. 聚焦条约修正

虽然何如璋在琉球问题相关的谈判中陷入困境，但根据这次谈判的经验，他认识到了对日本进行研究的必要性。对他而言，研究日本的目的已经不再仅仅是掌握谈判对手的情况。他认识到，日本明治维新以来的一系列改革使这个国家走上了自强的道路。何如璋感到很有必要向自己的祖国介绍日本这种自强的经验。本节就何如璋如何将自己在日本了解到的事物与当时的中国国情相结合，向清政府提供自强方略等问题进行探究。

驻日期间，何如璋经常与参赞黄遵宪就日本的改革、中国的自强之策等问题交换意见。黄遵宪在1899年回顾自己的人生时，写下了《乙亥杂诗》，其中有一首他这样写道：

滔滔海水日趋东，万法从新要大同。
后二十年言定验，手书心史井函中。

关于这首诗，黄遵宪作了如下注解："在日本时，与子峨星使言：中国必变从西法，其变法也，或如日本之自强，或如埃及之被逼，或如印度之受辖，或如波兰之瓜分，则吾不敢知，要之必变。将此藏之石函，三十年后，其言必验。"[1]

从这首诗和它的注解可以想象到，何如璋在日本时期经常就本国的变革和日本对西方的学习与黄遵宪交换意见。何如璋与黄遵宪自然都希望本国能够像日本一样，以自强为目标进行一场国家政策的变革。在日本停留的数年间，日本人奋发图强的努力姿态让何如璋深受触动。于是为了让日本的经验为本国所用，他开始用心观察日本的社会改革。何如璋对日本进行研究的目的性非常明确，他在写给朋友和前辈的信中也再三表明了这一点。1879年，何如璋的好友张树声迁任两广总督，何如璋在写给这位好友的信中说："顾奉使在外，三年于兹，于通商交涉之事稍有考求，谨就其关于吾粤者为公敬陈之。"[2]在另外的一封信《上左爵相书》中何如璋也写道："如璋自奉命出使，于今三年……顾以闻见所及，窃谓中国莫急之务，盖在于此。"[3]何如璋就这样认真审视着国内闭关锁国的国情，尽最大可能有效利用自己在国外收获的见闻和信息，努力为祖国的自强出谋划策。

对于何如璋来说的外国首先就是日本。在日本的三年间，何如璋进行了与日本相关的许多观察和研究，其中他特别关注的就是明治十三年（1880）的日本条约修正谈判。关于这一事态，何如璋向清政府递交了

---

1 黄遵宪著，钱仲联笺注：《人境庐诗草笺注》，上海古籍出版社1981年版，第826—827页。

2 何如璋著，吴振清、吴裕贤编校：《何如璋集》，天津人民出版社2010年版，第115页。

3 何如璋著，吴振清、吴裕贤编校：《何如璋集》，天津人民出版社2010年版，第117页。

一系列的报告书和意见书。

首先，何如璋向总理衙门递交了《论日本改订税则书》。这一时期，在琉球问题交涉过程中被日本政府要得团团转的何如璋，已经对日本加强了戒心。在报告书中，何如璋谈道："日本加进口税、免出口税一事，喧传既历年余。……盖合通国上下全力以谋之，而眼光所注，尤在夺我国之利。"[1]由此可见，何如璋看待日本的目光十分犀利。

在报告书中，何如璋就日本对清朝白糖收取高达30%的输入税指责道："殆不异关门而拒之也。"[2]另外，关于输入税的减免接下来他还写道：

> 又丝茶减税输出，西人利其价贱，向之购于我者，必移而购之日本，而我国之丝茶益难销售。西人受利而我受害，是又操同室之戈，纱兄之臂而夺之食也。[3]

对这种近乎贸易战的事态，何如璋产生了强烈的危机感，他认为"此中之关系，较争地尤为大"[4]。经历了琉球争端的何如璋甚至认为这个问题比争夺领土更加严重，可见其严重性。但同时也可以说，正是经历过琉球问题的何如璋，才会采取这样慎重的态度应对该类问题。

何如璋压抑了不满和反感等个人情感，敦促本国政府对于日本的动向要保持戒心，同时还将日本当作国家自强的榜样。

何如璋在这份报告书中指责日本的同时，正面评价了日本为条约修正作出的努力，称"日本全国上下合力一心，恐外国碍难尽拒"[5]。而回想本国的国情，他忧国忧民的想法油然而生。在这里何如璋表达了自

1、2、3、4、5　何如璋著，吴振清、吴裕贤编校：《何如璋集》，天津人民出版社2010年版，第104页。

己试图将外部压力化作自强动力的想法。报告书中写道：“以今日万国聚而谋我，除力图自强，徐谋保护抵制之法，别无善策。”[1]

这一时期的何如璋于公于私都常常谈及关于日本修正条约的动向，但像上奏总理衙门的报告书这样的正式文书中所采用的谴责日本、警惕日本的说法，在他的私人信件中却未曾发现。按常理来说，站在私人立场时能够更加自由地表述自己的思想，但在何如璋私人的信件中，却只强调了要以日本为榜样，希望清政府也能够裁撤不公平的关税和治外法权。

何如璋在写给两江总督兼南洋通商大臣刘坤一的信中，报告了日本的近况：“盖彼国今年以来颇悉外交利害，知旧日条约成于威迫，亟亟欲图更改。”且日本谋求修正的主要内容为：“一欲加外货进口之税，一欲管外国流寓之人。”[2]何如璋对迫于外国的武力威胁而签订的条约十分气愤，关于治外法权他这样写道：

> 盖泰西诸国互相往来，此国商民在彼国者，悉归彼国地方官管辖，其领事官不过约束之、照料之而已。惟在亚细亚，领事得以己国法审断己民，西人谓之治外法权……盖欧西之人知治外法权为天下极不均平之政……[3]

关于关税税率的制定，何如璋这样写道：

---

1 何如璋著，吴振清、吴裕贤编校：《何如璋集》，天津人民出版社2010年版，第104页。

2 何如璋著，吴振清、吴裕贤编校：《何如璋集》，天津人民出版社2010年版，第113页。

3 何如璋著，吴振清、吴裕贤编校：《何如璋集》，天津人民出版社2010年版，第113—114页。

盖泰西各国以商为重，全国君臣上下所皇皇然朝思而夕行者，惟惧金钱之流出于外。……且重征进口之税，使物价翔贵，他人无所牟利。诚见夫漏卮不塞，金钱流出，月朘月削，国必孱弱也。故收税之权必由自主，得以时其盈虚而增减之，所以富国也。而我与日本海关税则，必与西人议而后能行。[1]

如上所述，何如璋认为西方与日本和中国缔结不平等条约这个问题非常严重。并且，他对日本的条约修正表现出了深刻的理解。何如璋在报告书中谈及日本为修正条约所进行的努力时，这样表述了自己的看法：日本"欲令外人悉归己管"，"海关税则轻重皆由己定"。关于不平等条约的问题，何如璋认为日本与中国一样，是武力威胁下的牺牲者。

1858年，清政府在西方列强的武力胁迫下，签订了丧权辱国的《天津条约》，后来又签订了《北京条约》等一系列不平等条约。外国人在中国内地享有传教、游历、经商等权利，外国商品只需要缴纳5%的关税和2.5%的子口税就可以在中国内地自由交易，这些都是不平等条约带来的结果。

当时清朝的吏部主事梁明谦猛烈地抨击这些被迫签订的条约，称：国家没有自强的实力，草率地与人议和，因此所谓条约只是列强们的条约，并不是我们的条约。何如璋对这一系列的不平等条约持有相同的看法，感受到了空前的危机。由于这种不利的关税，国内大量的钱财流向国外，他以人体为喻，对这种钱财外流于国家的危害进行了以下描述：

割地予人，犹人之一身去其一指。其他尚可自保，若金银流出，则如精血日吸日尽，羸弱枯瘠，殆不可救药矣。[2]

1、2　何如璋著，吴振清、吴裕贤编校：《何如璋集》，天津人民出版社2010年版，第114页。

何如璋认识到在这样的危机面前，只有谋求国家的自强才能保卫自己的国家，他紧接着这样写道：

> 故论今日之要务，莫要于练兵自强。练兵非必欲战，惟兵力足恃，然后可以力求商务，议改条约。[1]

何如璋以上关于不平等条约的见解，正如他在同一封信中所说："谨因日本议改条约事附呈鄙见。"这在很大程度上是受到了日本条约修正局势的启发和影响。何如璋在日本作为外交官时，充分体验到了迫于外压而签订的条约的不平等性，他对这些不平等条约持有戒心。这些经历在下面何如璋的朝鲜论中，作为重要的经验发挥了很大作用。就朝鲜于和平时期开放国家，主动与国外签订条约的重要性，他阐述了以下主张：

> 无事之时与之结好，或可准欧罗巴例，使流寓之商同于国人，违禁之货绝其进口，稍杀领事自主之权，且可杜教士蔓衍之祸。他日我与泰西换约，亦或可因势利导，修改条规……[2]

三年的驻日经历，对于何如璋来说，收获颇丰。这一时期的何如璋不仅精进了自己外交谈判的基本功，还具备了从多角度观察外国文化的视角。并且，为求祖国自强的他开始关注国外事物，选择具有合理性的外国经验介绍给自己的国家。这一点从他这一时期所撰写的《上左爵相书》中即可窥得。

---

1 何如璋著，吴振清、吴裕贤编校：《何如璋集》，天津人民出版社 2010 年版，第 114—115 页。

2 何如璋著，吴振清、吴裕贤编校：《何如璋集》，天津人民出版社 2010 年版，第 111 页。

2. 关于“鸦片”的议论

在《上左爵相书》中，何如璋向左宗棠提出了救国图强的五大策略：一是严禁鸦片；二是平定洋教；三是恢复法权；四是增加关税；五是精练陆海军队。上述五条全部都是何如璋在日本亲自研究了相关问题的走向变化而得出的对策。

以禁止鸦片一条为例，何如璋刚到日本的第二年，即明治十一年（1878）一月就收到了寺岛宗则发来的题为《关于违反鸦片禁烟令者处罚案》的文书。这封照会中写有针对清朝国民违反禁烟令者的处罚条例，以及用以监管的具体措施。收到这封照会后，何如璋立刻在给寺岛宗则的回信中表明了自己对于禁烟的基本态度，其大意为：鄙人对鸦片一物深感憎恶，断没有理由对华人吸食鸦片的行为进行袒护。我国现已设置领事，为约束本国商人及民众，现已向领事明确下达命令，采取严格措施对鸦片进行检查和禁止，本国臣民若引诱日本民众吸食鸦片，即使情节轻微也要严加追究。以此当能符合规定的第三条要求……贵相亲自与鄙人商议严禁鸦片蔓延的法律条文，以此当能尽两国之谊。特据此回复。

对于熟知清朝国内鸦片流毒的何如璋来说，日本政府果断的禁烟举措是让他十分钦佩的，于是通报公使馆上下需要严守日本法律，禁止吸食鸦片。

明治十一年（1878）十月十七日下午，大河内辉声来到公使馆，在笔谈中他谈到了鸦片的问题。此时公使馆内应该已经下达了严格的鸦片禁令，参与笔谈的人员都对大河内辉声提出的这一话题反应很敏感。

在笔谈原稿中，当大河内辉声写出“我说关于鸦片的事”时，笔谈的内容突然就跳跃至以下激烈的内容。

漆园：此中鸦片大禁。馆中因尔国亦禁鸦片，何人吃此者，何得乱言？此乃大干禁，君若乱言，外人误听之，弟有当不起之罪。

大河内辉声：敝邦俗语谓淫行曰假鸦片，非中国之事也。

黄遵宪：君辈朝夕来此，而为此言，外人听之，将据君辈之言以为实，吾辈亦何乐与君交？

大河内辉声：谨领教。自今以后，弟誓不可言鸦，惟言鸢雀耳；誓不可言片，当言只耳。[1]

也许就连大河内辉声也会因这样的对话感觉到紧张，所以最后试图以一句玩笑来掩盖自己的紧张感。即便是从这样日常的对话中也可以体会到，何如璋对待禁烟的严肃态度已经影响了公使馆的上上下下。而在当时的清朝国内，虽然对外声称禁止吸食鸦片，但从百姓到官员吸食鸦片成瘾的人比比皆是，对禁烟已经是束手无策。这样的状态从这一年三月十一日何如璋与寺岛宗则的接待笔记中就能够看到。

寺岛宗则：听闻贵国也在致力于禁止鸦片进口，但最近似有难以抑制之势。在我国已严令各相关部门，绝对不允许鸦片进口。

何如璋：当初开始进口时并不知道此物有害。其后得知此物有害时，国民已吸食成瘾，无论怎样出台严令禁烟都难以完全禁止，境况十分为难。最近在报纸上读到关于某英国人私带鸦片从横滨入境的报道，不知这一事件是怎样处理的？

寺岛宗则：英国领事将其判定为做药品使用，没有问题。但我国对这一处理还存有异议，因此提出了上诉。听说今年来贵国的鸦

1 刘雨珍编校：《清代首届驻日公使馆员笔谈资料汇编》，天津人民出版社2010年版，第246页。

片进口量也有所减少。

何如璋：事到如今已不可能完全禁止，别无善法就只好实施减少进口的政策，允许在国内多个地方种植鸦片。与从国外进口相比，在国内制造的话危害相对较小且价格低廉。[1]

从二人的这番对话中可以清楚地看到，当时清朝鸦片流毒甚为严重。何如璋对日本彻底的禁烟举措表现出了极大的关注。通过这番对话也可以看到，何如璋对当时日本的报纸对于鸦片的报道都会细细加以研读。特别是对与鸦片出口的罪魁祸首英国相关的私带鸦片进入日本的案件，何如璋密切关注了日本政府的处置。这样做的目的：一是针对英国对清输入鸦片，想借鉴日本政府的举措为清政府提供一些建议；二是想要观察日本政府对清朝人适用的禁烟举措，在以英国人为对象时又会怎样，以此来审视日本的外交政策。

何如璋就这样对日本的鸦片对策进行了细致深入的观察。作为一名常年为英国的鸦片输入而苦恼的清朝外交官，何如璋对日本与英国间的鸦片问题交涉表现得特别关心。明治十一年（1878）九月三日，何如璋再次就鸦片问题与寺岛宗则交换了意见。

何如璋：最近在报纸上读到有关鸦片问题，贵国对于相关的制药与药品销售等环节也制定了很多规定。这样一来，鸦片的进口是否已经得到了全面禁止？

寺岛宗则：确实如此。

何如璋：关于这些规定的出台，贵国是否与各国公使进行过商议？

1　日本外务省编：《日本外交文書》第十一卷，1949年版，第261页。

寺岛宗则：没有，鸦片在条约上本就属违禁品，因此对其令行禁止不需要商议。

何如璋：我看条约上提到“三斤”等等，那不满三斤的情况要如何处理呢？

寺岛宗则：这一条款适用于船运的情况，与陆上运输无关。

何如璋：原来如此。

寺岛宗则：在英国有一政党，反对其国内商社向贵国出口鸦片，阁下可曾听说过？

何如璋：我听说过有关的传闻，但据说其实施相当艰难。敝国国民将鸦片当做烟草来吸食确属恶习。我在最近的报纸上读到，从英国一商社大量输入的鸦片被贵国政府查处，并已申诉至英国政府，不知英国政府如何回应的？

寺岛宗则：还未做回应。[1]

在这段对话中，何如璋就怎样能阻止英国的鸦片输入问题，将目光聚焦在了能够供本国参考的措施上。在上述对话中何如璋也就日本对英国人的鸦片走私行为的相关处置进行了询问，寺岛宗则的回答是：“英国领事将其判定为做药品使用，没有问题。”外国人来到日本，触犯了当地的法律，但日本的官员却不能对其进行裁决。通过英国人在日本走私鸦片的案件，何如璋深切地感受到这是何等重大的问题。有这样的经验作为参考，何如璋在给左宗棠的建议中对恢复本国法权的重要性进行了如下阐述：

外来客商归地方官管辖，此为欧美各国同行事例，而今之条

1　日本外务省编：《日本外交文書》第十一卷，1949年版，第261页。

约，外人犯罪归彼领事，动辄左袒，欺我良懦，甚至通商港岸华民有事，亦听其并坐，堂皇侵我内政，反客为主，国纪何在，是宜复法权。[1]

看到日本也在为与西方国家签订的不平等条约而苦恼，何如璋感到一种同为东方人的强烈连带感，他想吸取日本的经验为本国所用。正如何如璋初到日本时与寺岛宗则就鸦片问题进行的上述对话中可以看到的，何如璋从寺岛宗则那里学习到了日本的鸦片对策，同时还收集到了各种有效的信息。比如从这一天与寺岛宗则的对话中他就了解到，英国国内存在反对鸦片出口政策的政党。何如璋的这种观察很明显是在将日本的有益经验有效应用于中国国内决策的目的驱动下开展的。他向左宗棠提出的禁烟举措中也必定加入了他对自己这一时期驻日经历的思考。何如璋在《上左爵相书》的结尾写道："如璋自奉命出使，于今三年，觇国无能，柔远无术。顾以闻见所及，窃谓中国莫急之务，盖在于此……"[2]这也正是他以日本为借鉴，为中国当务之急寻求出路的表现。

3. 利义观的更新

清光绪六年（1880），刚刚就任两广总督的张树声写信向何如璋询问治理两广的方略。对此,何如璋在回信中结合广东地区的情况提出了自己的一些具体想法。在这封回信中值得特别关注的有两点：一是何如璋的建议全部都是基于他在国外的经验，引用了国外具体的事例提出的；二是何如璋建议的内容由当初刚到日本时对追求利益的不屑，转变为对追求利益的重视。

1、2　何如璋著，吴振清、吴裕贤编校：《何如璋集》，天津人民出版社2010年版，第117页。

何如璋的建议共涉及四个方面的内容，分别是粮食政策、海外移民、赌博和军备问题。

根据何如璋这封信的内容，广东地区大米市场存在以下问题：广东的大米年均产量只能达到年均消费量的三分之二，由于粮食供应不足，过去广东都是从广西购入大米。但近年来广西各地开始设置关卡，对运往广东的大米征收税金。米商们因“本重利轻”，将大米的采购地从广西转移到了越南、泰国、菲律宾等国家。这样一来，为了购买国外的大米，国内的金银源源不断地流出，并且对广西地区的水稻种植业造成了不小的打击。针对这一现状，何如璋以国外的经验为例，建议停止对大米运输进行课税，他在这封给张树声的回信中说：“如璋考天下万国取商之税，其重者十取三，轻者亦十取一，惟米麦运输则万国皆无税，诚以米粟贫民之所赀赖者也。”[1]

接下来何如璋就广东的海外移民问题阐述了自己的见解。广东地区因人多地少，所以很多人为谋生计而出走海外。据何如璋的统计，三十年间流向海外的广东人口已逾百万。但因移民中夹杂畏罪潜逃者且在海外的清朝劳动者受虐待事件频发等，清朝内部当时已经开始出现禁止平民出国的动向。对此，何如璋提出了自己比较开放的看法。首先，何如璋根据国外华侨的情况指出，华侨中本分的商人占了绝大多数，他们在海外的生活中都能得益。因此，广东地区的平民向海外移民是一种有效的谋生手段。其次，关于劳动者受虐待问题，何如璋认为，因存在受虐待问题就禁止平民出国，这无异于“因噎废食”。他提议更加积极的应对方法应该是向劳务移民人数众多的地区派遣领事，以保护华侨的权益。这对何如璋来说，也是基于自己在日本实际开展外交工作的经验而

1 何如璋著，吴振清、吴裕贤编校：《何如璋集》，天津人民出版社2010年版，第115页。

提出的建议。

广东人因赌博犯罪逃至澳门，地方官无法追究，这是当地治理的一大问题。关于这一问题的解决方案，何如璋指出，葡萄牙在没有任何条约作为依据的情况下，单方面非法占领澳门，还包庇在内地犯罪的嫌疑人，这违反了最基本的邦交原则。并且，西方人最是重视自己的声誉。所以何如璋认为如果两广总督能够屈尊降贵亲自去拜访澳门的最高长官，又或者是派遣代表向对方说明是非利害，抓住对方重视名誉的心理进行交涉，事情就容易解决了。这样的想法正是何如璋通过在日本三年的外交活动领会到的道理。

关于两广地区的海防问题，何如璋引用西方人的说法，对自己的想法进行了以下说明：

> 泰西人有恒言：将才之难，难于练军简器。盖器可旦夕备，军可旬月成，将非数年造就，不能成材也。[1]

何如璋在这里强调了培养军官的重要性。何如璋的这种想法很明显是受到了参赞黄遵宪的影响。如前所述，当初何如璋评价日本军备力量不足时，黄遵宪就亲自参观日本的军官学校和军队的军事训练，为何如璋提供了准确的情报。而黄遵宪在参观日本军官学校后，充分认识到了军官学校的重要性，发表了与何如璋上述见解基本相同的言辞。在《日本杂事诗》中对《海陆士官学校》这首诗的注解中，黄遵宪这样写道：

1　何如璋著，吴振清、吴裕贤编校：《何如璋集》，天津人民出版社2010年版，第116页。

西人有恒言："简将难于练兵。"兵可数月而成，将非积年不能成材也……[1]

黄遵宪认识到了军官培养的难度和重要性，主张应积极创办军官学校，学习西方近代化军事理论，并感叹由此足以理解日本的军队为何如此强大了。何如璋也赞同西方近代化的军队建设的合理性。之后何如璋又提议，中国也应像日本一样聘请洋人教官，在广东设立军官学校。他这样写道：

况海程之夷险，轮船之驾驶，尤非华人所能熟悉。若无将才，则船炮均归无用。以后防务稍松，拟请我公与将军、绅士筹出款项，于省城开兵官学校，专请西人教习。[2]

何如璋的这番发言，很明确地提出要聘请洋人来教习中国人不擅长的领域。此时的何如璋已经充分认识到学习西方的必要性，而他初到日本时指责西方追求利益的言辞已经完全看不到了。当然，这并不意味着何如璋已经完全认同了西方的价值观。对他来说，中国历史悠久的传统文化所赋予他的政教伦理有着不可替代的宝贵价值。此时的何如璋只不过是对不同的价值观表现出了一种灵活的态度。怎样能将中国从现实中的弱小国家变成强大的国家，这才是这一时期何如璋最关心的问题。

何如璋的思想变化并不是某一天的心血来潮。截至这个时期，何如

1 黄遵宪著，钟叔河辑校：《日本杂事诗广注》，湖南人民出版社 1981 年版，第 105 页。

2 何如璋著，吴振清、吴裕贤编校：《何如璋集》，天津人民出版社 2010 年版，第 116 页。

璋在三年的驻日期间曾经有过很多自相矛盾的发言。但无论怎样，何如璋都是被清政府选拔出来的、少数对外国文化具有理解力的外交官之一。他与参赞黄遵宪相同，在驻日工作期间为积极地感受外面的世界而付出了努力。何如璋从最初到达日本时就对以服饰为代表的一系列改革产生了浓厚兴趣，随着在日本经历的增加，他越来越充分认识到像日本那样积极学习西方文化的必要性。如果没有在日本的经历，这些新思维的产生就无从谈起。正如在接下来的一章中也即将提到的，何如璋积极地利用在日本的这些宝贵经验，开展了广泛的外交活动。

第七章
朝鲜论的提出

一
对朝鲜问题的议论

何如璋作为清朝第一代驻日公使团的主要成员之一被派遣到日本的时候，清朝的朝贡国朝鲜正值不得不改变以往外交方针的时期。[1]当时的驻日公使馆作为清朝在东亚的对外关系窗口，是进行信息搜集的最主要机构，所以自然而然地拥有评论朝鲜问题的责任。本章将焦点对准何如璋的具体言行，以此来探明驻日公使何如璋持有怎样的朝鲜论、他的这种朝鲜论受到了包括日本在内的其他国家什么样的要素影响。在清朝提出的朝鲜论当中，属《朝鲜策略》最广为人知。本章将结合《朝鲜策略》提出之前驻日公使馆的动向，来对其产生的背景与过程进行探究。

1 金凤珍将朝鲜1876年2月向日本开放门户和1882年5月与美国的缔约分别定位为“形式上的开国”和“实质上的开国”，并认为“朝鲜在这一时期，在国内由传统社会向近代社会转型，在国际上则背负三重课题，分别是应对欧美诸国和日本的帝国主义倾向，逐渐脱离传统中华世界秩序的背景下对清朝朝贡体系的调整和突破”。详见《朝鮮の万国公法の受容》，《北九州大学外国語学部紀要》第78号，1993年，第41—71页。

何如璋关于朝鲜问题的基本观点是，对朝鲜形成最大威胁的是当时的俄国，而最好的应对措施是主动打开国门与各国通商、缔结外交协议，以此来谋求国家的自强。在到日本后的第二年即明治十一年（1878）四月十三日的致总理衙门函中，何如璋指出朝鲜的威胁不是来自日本而是来自俄国，认为如果能够尽早开始与各国通商，尚能牵制俄国。

在何如璋的这种想法中可以看到日本给予他的影响。何如璋在上奏的文书中提到了他在日本上任后不久听到的关于朝鲜的议论，其大意为：我到日本上任不久，日本使臣花房义质就从朝鲜回国了。我去拜访他，他说朝鲜的首脑层依旧拒绝与外国缔结外交关系，看到穿洋装的人就避而远之。

何如璋对朝鲜这样的对外认识表现得非常忧虑。上述何如璋致总理衙门函的内容显示，当时何如璋已经获得俄国阻止各国向朝鲜谋求通商的消息。因此，唯一与朝鲜拥有通商港口的日本如果进一步要求增加通商口岸的话，据说俄国也会对此加以干涉。此外，据说英国在之前一年试图以日本为媒介与朝鲜缔结通商条约，俄国也同样加以阻碍。何如璋认为，正如提交至总理衙门的这些资料所显示的，俄国正在图谋独占朝鲜。

何如璋以上述情报为依据严肃地指出，如果英国以日本为媒介谋求与朝鲜通商，俄国对此加以阻碍的情况属实，那么俄国的虎狼之心已暴露无余。

在这一时期，英国驻日公使帕克斯拜访何如璋时建议，中国最好能劝告朝鲜与各国通商。因为朝鲜现在已经不可能再继续闭关锁国了，所以与更多的国家缔结友好关系只会有益无害，不然就会被俄国所吞并。

此外，日本外务卿寺岛宗则也向何如璋提出了与英国公使相似的建议。这一年的三月下旬，何如璋拜访寺岛宗则时，两人就朝鲜问题交换了意见。

寺岛宗则称，俄国最近屯兵图们江，逐日向南拓展。目前已有两三万名朝鲜流民已经归顺俄国，俄国的企图实在是令人难以预测。因此，日本与朝鲜缔约通商是出于保护自己国家的考虑，并不是有什么其他的企图。并且中国也应该向朝鲜派遣使节，劝告朝鲜尽早采取对策，敦促其保护本国利益。另外，朝鲜还应派遣军舰时常进行巡视，熟悉海路，以防万一。否则，朝鲜一旦失守，亚洲的局势将变得非常复杂，令人忧虑。

何如璋认同了寺岛宗则的建议，并称诚如他所说，中国政府也已经考虑到这一点，在此也希望日本政府能够审时度势作出恰当的判断，不要被俄国欺骗。

如上所述，通过与英国公使和日本外务卿的对话，何如璋更加感受到了朝鲜问题的危机。并且在他们的影响下，何如璋意识到朝鲜的危机并不是来自日本和英国等国家，而是来自俄国的威胁。何如璋在给总理衙门的报告中表示，朝鲜之患不在日本而在俄国，日本的意图大抵在于自守而非兴兵挑起事端。如上所述，何如璋在日本听取了各国关于朝鲜问题的见解，收集了各方的信息，之后对其加以反复琢磨，凝练出了他的朝鲜论。

二
外国的影响因素

何如璋的朝鲜论成形于他到日本上任的第四年，即明治十三年(1880)。这一年，他向总理衙门提交了《主持朝鲜外交议》，此外还向李鸿章寄送了《上李伯相论主持朝鲜与各国通商书》和《再论朝鲜通商书》。何如璋在这些书函中归纳了自己关于朝鲜问题的看法。

何如璋不仅就朝鲜问题向国内积极献言，还亲自会见来自朝鲜的赴日修信使，向其直接阐明了自己关于朝鲜问题的看法，并且还命参赞黄遵宪撰写《朝鲜策略》，向朝鲜国王提出了国家自强的策略。在何如璋的朝鲜论中，可以清晰地看到包含日本在内的各国文化对他的影响，而这样的影响也正是因为何如璋当时身处日本这个特定的空间才能接受的。当然，何如璋之所以能够接受这些来自外国的影响，也离不开其自身对于外国文化理解姿态的转变。对于来到他国三年的何如璋来说，思考问题的时候自然而然地学会了以外国的事物为基准或参照物的思维模式，在讨论朝鲜问题时他就明确地采用了这样的思维模式。

何如璋在展开自己的朝鲜论时，很多论据都来自他在日本收集的一些外国人的言论。他自己也受到了这些言论的影响，并且对其加以引用，形成了自己的朝鲜论。他在向总理衙门提出的《主持朝鲜外交议》当中主张，朝鲜半岛在军事上的重要性对中国来说，是如左臂一般的存在，关于这一点他这样写道：

> 朝鲜存，则外捍大洋，内拥黄海，成山、釜山之间，声援联络，故津沪数千里海内直达，斯神京门户益固，而北洋一带无单寒梗阻之忧。[1]

在同一封文书中，何如璋紧接着引用了洋人的言辞，就朝鲜在地理位置上的重要性阐述了以下看法：“泰西论者，皆谓朝鲜之在亚细亚，犹欧罗巴之土耳其，为形势之所必争。”[2]何如璋还认识到，目前虎视眈眈瞄准了朝鲜的正是俄国。

基于以上的认识，何如璋提出了防朝鲜之患于未然的对策。何如璋

1　何如璋著，吴振清、吴裕贤编校：《何如璋集》，天津人民出版社2010年版，第92—93页。

2　何如璋著，吴振清、吴裕贤编校：《何如璋集》，天津人民出版社2010年版，第93页。

所提出的朝鲜对策的核心是：朝鲜主动开放门户与各国缔结外交关系，以此来防患俄国侵吞其领土的野心，并且这种门户开放应该在中国的主导下进行。在这两点上，何如璋的想法与前面提到的寺岛宗则及帕克斯公使的建议有很多相一致的地方。可见，何如璋的朝鲜论在很大程度上受到了来自其他国家相关人员的影响。

在《上李伯相论主持朝鲜与各国通商书》中，何如璋阐述了朝鲜可凭借与各国建交实现自保的看法：

> 朝鲜若与西人立约，则有事皆可与闻，泰西诸国无不忌俄，正可借各国之势暂相牵制。[1]

何如璋认为，凭借这种面向各国的门户开放来打击俄国独占朝鲜的野心，其结果是“以俄欲专之利与外国均分之，俄之损，吾之益也”[2]。

何如璋在日本期间，近距离地接触到了世界各国的文化，目睹了日本政府积极的外交政策所取得的成功，并由此在国家自强的道路上越走越强，他的外交思路也随之变得越来越开阔。在朝鲜问题上，他提出了通过各国的合力来牵制俄国的构想，当然这种构想有与中国传统外交策略中“合纵连横”思想相同的地方，但这其中对何如璋启发更多的则是俄土战争及其相关联的《圣斯蒂法诺条约》、战后的柏林会议等，这些是何如璋到日本上任后不久在东京了解到的国际事态。

1877—1878年，俄国对土耳其发起了战争，土耳其战败后签订了对本国不利的《圣斯蒂法诺条约》。但是，欧洲诸国对于该条约所带来的俄国领土的扩张都感到非常不安，于是召开柏林会议，迫使俄国让

1、2　何如璋著，吴振清、吴裕贤编校：《何如璋集》，天津人民出版社2010年版，第109页。

步。何如璋从这一系列的事件当中受到启发，在《上李伯相论主持朝鲜与各国通商书》中写道：

> 今俄人纵其兵力直欲灭土，然争战未息，诸国群起而议之，俄遂不能专其利，土耳其不至于亡。亦未始非各国互制之明效也。我于朝鲜，比英、法之土耳其尤为要冲。切望中堂主持之。[1]

如上所述，何如璋积极开拓自己的国际视野，并由此为自己在国际惯例框架下更加有效地开展外交活动而不断努力。

三 维持传统秩序

何如璋作为驻外公使，比起身处中国国内和闭关锁国中的朝鲜更容易从国际社会中掌握情报信息，能够以全局性的视角评论朝鲜问题。基于这种立场，何如璋在朝鲜问题上充当了桥梁作用。一方面，何如璋认为他有责任通过朝鲜问题推动本国政府对一直以来的朝贡国关系进行重新认识，说服其在崭新的世界形势下重新构筑与朝贡国的关系；[2]另一方面，他要对朝鲜晓以世界大势，劝说其认识到以往保守的闭关锁国政

1 何如璋著，吴振清、吴裕贤编校：《何如璋集》，天津人民出版社2010年版，第109页。

2 关于这一时期（1880年）何如璋与李鸿章朝鲜论的差异，茂木敏夫（《李鴻章の属国支配観》，载《中国——社会と文化》第2号，东大中国学会，1987年）指出：李鸿章主张在形式上保持着“属国自主”的原则，维持着传统宗属关系的框架。与李鸿章不同，驻日公使何如璋在1880年11月主张，应瓦解传统的宗属关系框架，将朝鲜转变为近代国际法领域中的“属国”概念。

策已经不可能再继续，闭关锁国有可能导致亡国。关于这一点，从何如璋的一系列朝鲜论中就可以看出他所费的心血。

何如璋从朝鲜是清朝国防堡垒这一想法出发，向清政府强调了清朝与朝鲜关系的重要性。在新的国际形势下，旧的封建朝贡国关系的存续受到了威胁。针对这一现实，何如璋提出了面向新时代的对策。

在《再论朝鲜通商书》中，何如璋列举了帮助朝鲜开放国门的五点好处：

一是若与美、法、英、德缔约，就可以牵制俄国侵略朝鲜的野心，清朝也可借此以图自强。

二是清朝向朝鲜派遣使臣指导朝鲜外交，则朝鲜作为清朝属国的地位更加明确，对今后的对外交涉十分有利。

三是朝鲜若能开放国门以自强，就会成为清朝国防的保障。

四是向朝鲜派遣使臣和舰队，对其国家局势和地理环境进行考察，由此便可以提前防备俄国的侵略，而清朝以此来向日本彰显保护朝鲜的决心，日本自然也会放弃对朝鲜的野心。

五是朝鲜若于和平时期缔结条约则可以签订平等条约，未来清朝也可以此为根据要求西方修正不平等条约。

何如璋列举上述五条好处，以此来推进清朝敦促朝鲜开放国门。在这五条好处中，最能体现何如璋这一时期所受外国影响的是第二条。关于这一点，我们可以从何如璋的文章中来探究在外国的影响下，他的属国观是怎样展开的。

> 泰西属国皆主其政治，惟亚细亚贡献之国许令自主。盖但冀其服我王化，不为边患耳，非贪其土地、人民而利之也。然朝鲜与我毗连，当圣祖、高宗时，有事无不上达，几无异内地郡县。伏读《大清会典则例》，可考而知也。西人每谓贡献之国不以属土论，然

朝鲜拘法教士，我一言而即释矣。而朝鲜告于日本者，一则曰天朝，再则曰上国，天下益晓然于列圣渐摩之厚、朝廷体统之尊。今一遣使而朝鲜能听吾言，与万国结好，则属国之义益明，后来交涉之事益易于措手。[1]

何如璋认识到东亚的朝贡国关系不同于西方的属国关系。但对于西方以这种不同为借口，否定清朝与其朝贡国之间确实存在的从属关系，何如璋持有异议。何如璋所谓的“非贪其土地、人民而利之也”既是对东亚特有的朝贡国关系的坚持，也是对西方以利益为中心的属国论的一种反对。

由于西方对亚洲的渗透，传统的东亚世界秩序正逐渐被近代的欧洲世界秩序所取代，清朝的传统朝贡国体系也面临着前所未有的危机，对此何如璋感到十分忧虑。为扭转这一局势，何如璋认为与其被动地被西方吞并，不如积极效仿西方的做法去应对西方列强。在朝鲜问题上，具体来说，就是将清朝与朝鲜以往的朝贡国关系变更为西式的近代化属国关系。[2]

1 何如璋著，吴振清、吴裕贤编校：《何如璋集》，天津人民出版社2010年版，第110页。

2 关于东西方“世界秩序”的对立，三浦徹明（《伝統的東アジア世界秩序の近代世界秩序への対応形態—中国と日本の外国関係近代化をめぐって—（上）》，载《拓殖大学論集》第174号，1988年12月，第1—24页）指出：传统的东亚世界秩序（纵向秩序）与近代欧洲世界秩序（横向秩序），因其原本就是互不相容的体系，所以近代资本主义列强使用坚船利炮等强硬的武力手段迫使中国及日本开放国家门户，其结果就是近代欧洲世界秩序排挤传统的东亚世界秩序，从而取而代之以覆盖全世界，发展成为近代世界秩序。三浦还指出，在西方的这种排挤下，从宏观来看，中国选择了抵抗，而日本选择了适应；从微观来看，日本的适应是与中国基于传统中华世界秩序观的抵抗有共通之处的。在选择抵抗还是适应的问题上，何如璋的态度不能算是完全的适应，而是以适应来抵抗的态度。

关于这一点，何如璋在呈送总理衙门的文书《主持朝鲜外交议》中明确地表达了自己的看法。在这篇文书中可以看到，何如璋就西方属国的存在形式进行了多方调查，并将其作为清政府对朝鲜政策的参考。

首先，何如璋指出宗主国对属国拥有外交方面的支配权。

> 又考泰西通例，属国与半主之国与人结约，多由其统辖之国主政……又遍查万国公法，德意志联邦向各有立约之权。[1]

以上述内容为依据，何如璋就清朝主导朝鲜开放国家的正当性和必要性作了以下论述：

> 今中国许令朝鲜与人立约，原无不可，惟应请朝廷会议，速遣一干练明白、能悉外交利害之员往朝鲜，代为主持结约，庶属国之分因之益明，他日或有外隙，而操纵由我，足以固北洋锁钥。[2]

何如璋的这一由清政府主导朝鲜外交的提案存在其自有的现实可行性。针对这一点，何如璋就朝鲜国内情况及能够预测到的西方各国的反应，进行了如下说明：

> 观其君臣上下，私相诫之，辞曰：清人之厚意，甚于日本。则由朝廷敕谕，彼自当惟命是听。而泰西诸国正当求成请盟，未可必得之时，由我主持，彼自欣感，况又有德意志联邦之例可援，则奉

1　何如璋著，吴振清、吴裕贤编校：《何如璋集》，天津人民出版社2010年版，第93页。

2　何如璋著，吴振清、吴裕贤编校：《何如璋集》，天津人民出版社2010年版，第94页。

中国命云云，外国亦无辞可拒。[1]

何如璋以上述分析阐述了朝鲜在清朝主导下进行国家开放的可能性。接下来何如璋又就国家开放后朝鲜的自强之策提出了具体的措施。在何如璋的提案中能够看到以下内容：

> 若朝鲜既经开港之后，应饬令彼国袭用中国龙旗，或围绕以云，微示区别，以崇体制。应饬令朝鲜商人来中国贸易，亦令华商前往釜山、元山津等处通商，以通声息。又饬令彼国学生，来京师同文馆练习泰西语言；来福州船政局、上海制造局习造船筒器；来直隶、江苏等处练军习洋枪，以修武备。[2]

从何如璋的这些文章中可以看出，他试图维持清朝与朝鲜长久以来的传统国家关系。凭借这种关系的维系，可以向其他各国彰显清朝与朝鲜的紧密连带关系，并以此来守护两国领土安全，达到两国自强自立的目的。这就是当时作为清朝外交官的何如璋认为的最好的选择。也正是出于这种考虑，他才反复以详细具体的情报为依据，就俄国对朝鲜所持野心发出警告，并对身处危机却拒绝开放国家的朝鲜国内现状表示出深

1、2　何如璋著，吴振清、吴裕贤编校：《何如璋集》，天津人民出版社2010年版，第94页。

切的忧虑。[1]

当时，清朝的朝贡国正在被逐个掠夺。根据何如璋的理解，西方各国的说辞是，朝贡国并非属国，所以对于清朝的朝贡国，并不需要像对待西方国家的属国那样尊重宗主国的意见。在这一点上，何如璋已经在处理琉球问题的过程中接受了沉重的教训，并且由此受到了启发。

在琉球问题上，因为清朝对琉球没有行使现实的主导权，所以西方社会对于琉球是清朝属国的认识十分淡薄。何如璋真切地体会到，在这一点上曾经谋求西方调停斡旋的清朝一方着实处在了劣势。何如璋还从日本对琉球的处理方式上感受到了日本举全国之力在国内建立西式近代主义国家体系的决心，并因此受到了强烈的刺激。日本在琉球问题上，并没有像清朝一样采取模棱两可的态度（如维持现状、琉球两属、逃避签约等），而是坚定地走上了确立西方近代国家体系的道路。日本的这种处理方式，也必然在何如璋思考朝鲜问题时给予了他很大的影响。

1　关于何如璋朝鲜论的本质，俞政指出："在当时特定的历史条件下，要想保护朝鲜，又必须首先明确并加强清、朝之间的宗藩关系。……在何如璋头脑里，强化清、朝关系只是保护朝鲜的途径和手段。这同近代资本主义列强侵占他国领土、奴役他国人民的卑劣行径，完全是风马牛不相及的两回事。"（俞政：《何如璋传》，南京大学出版社1991年版）

另一方面，茂木敏夫认为：清朝在幕后操纵朝鲜的做法，表面上装作主张朝鲜自主，但其实质是按照中国的需要来对朝鲜加以干涉。在这个过程中，宗主国—属国这种等级构造本质的多样化意义，与上意下达的权力支配构造在根本上并无二致，必定会导致所谓协调共存理念的形式化。（《中華世界の「近代」的变容——清末の边境支配》，《地域システム》，东大出版会1993年版，第269—299页）

两位学者的论述分别抓住了问题的两个方面。19世纪80年代初的国际环境下，对于何如璋与李鸿章等朝鲜论者来说，如果将传统朝贡国朝鲜的利益与清朝视为一体，那么他们能够作出的选择就很有限。比起追求所谓的合作共存，有时候不得不在可能的范围之内首先考虑实现合作共存的前提——"生存"。

四

“清朝笔谈”的命运

何如璋向清政府提出了自己的朝鲜策略。但关于朝鲜问题，李鸿章和总理衙门却认为比起由清朝直接出面主导，更好的方法是暗地里给予朝鲜一些指示。1880年12月2日，何如璋接到了总理衙门发来的关于朝鲜问题指示的电文。文中称，朝鲜与外部联系，缔结外交关系，确实于大局有利。但如果由中国来主导该过程，容易滋生猜疑和不安，并且障碍也颇多。因此，望阁下答复金弘集时随机应变，对其加以引导。关于缔约一事，交由朝鲜自主处理，中国不会参与其中，只暗中维持、协调。

这于一直对朝鲜问题高度关注的何如璋来说，在清政府的这种政策下开展关于朝鲜问题外交活动的难度越来越大。事实上，在接到总理衙门的这封电文之前，何如璋在向清政府提出自己的朝鲜论的同时，也向朝鲜提出了关于开放国家的建议。关于这一点，何如璋在这一年十月发给总理衙门的书信中，就写到了在日本与朝鲜使臣接洽的相关事宜。

> 先是朝鲜金使之将来，如璋欲劝令外交，荷承总督指示，又素知北洋李爵相屡经致书劝谕，而近来南洋岘庄制府亦主此议，因于其来也，危词巽语面为开导，渠颇觉悟。复虑言语未通，不能尽意，中亦有如璋碍难尽言者，因命参赞黄遵宪作一《朝鲜策略》，设为问答论难之辞，先告以防俄，而防俄在亲中国、结日本、联美

国，以图自强。[1]

何如璋这里所写的是1880年七八月份的事情。

明治十三年（1880）夏，朝鲜修信使金弘集访日。其主要使命是就其日本公使的驻京问题和元山、仁川两地开放港口的问题，以及不平等关税的修订和粮食输出的禁止问题等，与日本政府进行磋商。不过，金弘集在日本期间曾多次会见清朝驻日公使何如璋，二人围绕朝鲜的国际关系、国家开放问题、关税问题等，广泛地交换了意见。何如璋借此机会向金弘集阐述了自己关于朝鲜问题的看法。

将当时两国公使的笔谈原稿按照时间先后进行考察后可以发现，也许是因为最初还无法完全真诚地对话，双方都显得很谨慎，对一些关键问题，特别是关于朝鲜与日本的关系问题，金弘集一直都有避而不谈的倾向。但随着交流日益深入，双方建立了互相信赖的关系，并且中朝双方的关系本就密切，于是逐渐达成了重视两国传统纽带的共识，并进而在朝鲜的对外关系及朝鲜的自强策略等问题方面也达成了共识。接下来将围绕金弘集在日本期间与何如璋的笔谈内容，对何如璋的朝鲜论展开的另一个侧面进行考察。

修信使金弘集到日本后不久，清朝驻日公使何如璋就派参赞黄遵宪前往金弘集的下榻地点与其进行联络。七月十五日，黄遵宪到访了金弘集的住处，进行了礼节上的寒暄后就转达了公使何如璋迫切期待与其会面的愿望。金弘集愉快地接受了公使的邀请，于第二天拜访了清朝公使馆。这一日他们就金弘集来日的使命进行了会谈。

1　何如璋著，吴振清、吴裕贤编校：《何如璋集》，天津人民出版社2010年版，第228页。

何如璋：使节之来，闻有大事三，不知既与日本外务（省）言之否？唐突敢问。[1]

金弘集：使事概为报聘，书契中有定税一事而已。

黄遵宪：钦使何公，于商务能悉其利弊，于日本事能知其情伪。有所疑难，望一切与商。我两国如同一家，阁下必能鉴此。

金弘集：仆来此，大小事专仰钦使指导。而形迹亦不能不存嫌，所以稍迟迟，庶谅此意。[2]

从以上的对话中可以看出，何如璋对朝鲜使臣访日目的的关注，以及想对其与日本的协商建言献策的心情。同时，字里行间透露出金弘集的顾虑，他不希望因为与清朝公使的交往而招致日本不必要的怀疑。原来，日本自《江华条约》签订后就一直主张朝鲜为自主国家，不承认其与清朝间的从属关系。因此，朝鲜修信使访日时该怎样周旋于日本和清朝之间，是一个很重要的问题。这种微妙的心理在他们之后的对话中也有体现。

在十六日的对话中，金弘集提到了黄遵宪的《日本杂事诗》。按金弘集所说，这本书刚出版不久，他就阅读了。从这一点可以看出，金弘集对日本十分关注。并且，在这一天之后的对话中还可以推测到金弘集所关注的焦点在于日本的改革。

何如璋：此间官府诸事均极整理。阁下有暇，不妨约宫本先生

1 关于金弘集一行赴日，姜在彦的考察显示：日本政府以没有过往全权委任状为由拒绝了所有的外交交涉（姜在彦：《朝鲜近代史》，平凡社1986年版，第44页）。在明治十三年（1880）八月十七日井上馨外务卿写给三条太政大臣的书信中也有写道：金弘集修信使未携带国书来见，出于特别的考虑拒绝了其晋见的请求（日本外务省编：《日本外交文書》第十三卷，1950年版，第389页）。

2 刘雨珍编校：《清代首届驻日公使馆员笔谈资料汇编》，天津人民出版社2010年版，第703页。

到如处一览。

金弘集：指教可见相爱之至，才已偕官本公历览一处而来。[1]

这样一来，金弘集的访日目的中又多了一层，那就是考察日本政府通过明治维新在近代化的道路上所做的努力。

七月十八日，何如璋与副使张斯桂一起造访金弘集的住处。这一天何如璋来访的目的有两个：一是对金弘集正在与日本交涉的关税条约问题进行建言，二是将自己关于以开放国家门户来防御俄国入侵的想法与金弘集进行交流。

何如璋到达金弘集的下榻处，进行了很简单的寒暄之后，就立刻进入了这一天对话的主题。何如璋首先就与日本交涉的进展情况展开了话题。

何如璋：从前贵国与此间所换条规，及次送商之件，有钞稿否？如有所检出，一分借览为荷。

金弘集：条规及此次送商之件本拟鉴正，方饬人缮写，明当送纳。

何如璋：近日此间方拟与泰西各国议改条约，其议改之意，在管理寓商及通商税则各事，其稿极详细，亦极公平。大略系西洋各国通行之章程，若各国通商均照此行，固无所损也。

金弘集：昨日已送草案矣。若早拜诲可矣。掣碍因存嫌，不克先事禀贡，恨恨。……[2]

1、2　刘雨珍编校：《清代首届驻日公使馆员笔谈资料汇编》，天津人民出版社2010年版，第704页。

紧接着，金弘集就与日本交涉时日方提出的方案，询问了何如璋的意见。按金弘集所说，日本一方的方案内容为“米谷不得禁，则重其税。其余出口货，并不责税。进口货亦于洋货重税，而日本零碎产物，特免其税为佳云，此说未知何如”[1]。

谈到这里，何如璋突然作出了很强烈的反应，说道：“此说弊端极大，切不可行。”[2]对于金弘集“敝邦全不谙商务利害，极闷闷”的叹息，何如璋引用了《中庸》里“以人治人”的道理，认为日本自开放国家以来，在与各国进行外交交涉和通商贸易方面积累了丰富的经验，深谙这其中的秘诀。现在日本正与西方各国就条约修订拟订草案，何如璋遂提议请金弘集参考日本的经验。

何如璋这里所说的“以人治人”是指在与日本交涉的时候，如果能效仿日本向西方国家提出的方案来向日本提要求，就会对交涉有所帮助。何如璋在此根据自己驻日期间取得的经验，向金弘集提议把目光看向更远的外部世界，学习其他各国的经验。如前所述，何如璋曾向总理衙门表达了对日本关税修正案的指责，认为其中加入了对清朝极为不利的内容，但对这时的金弘集，何如璋却对日本的条约修订案给予了高度评价，他这么做是为了让金弘集从日本的条约修订案中学习缔结外交条约的经验。

在与日本关税交涉这一话题结束后，何如璋提出了自己的见解。他认为对朝鲜来说，眼下最大的威胁是俄国，并且明确地指出为抵御俄国的威胁借助各国的力量“均势”的必要性。但是，因为时间原因，这一天何如璋未能就这个话题继续深入阐述观点，只是告知打算于近日与副使张斯桂略备薄宴，邀请金弘集一行到公使馆做客，便结束了这一天的

1、2　刘雨珍编校：《清代首届驻日公使馆员笔谈资料汇编》，天津人民出版社2010年版，第704页。

访问。何如璋对金弘集正式陈述其朝鲜论则是七月二十一日的事情了。

七月二十一日，受到何如璋邀请的金弘集一行到访清朝驻日公使馆。宴会开始前，作为之前话题的继续，何如璋就税制问题向金弘集强调，如果决定税制的自主权在自己一方，在与外国通商时就于本国利益有利，即便是与多国通商也是有益无害的。而日本现在正在谋求税制修订的动向则正是为了恢复这种自主权的举动。接受了何如璋建议后，金弘集问及为何清朝还未实施这种自主税制，对此何如璋作了如下回答：

> 尊问可谓留心之至。我亚洲各国，以前均未悉此种情形，故受损实多。此间因近日始知，故欲与西人议改。鄙见欲贵国乘机会先一着为之，此难得之事也。[1]

何如璋这句“欲贵国乘机会先一着为之”的意思自然是希望朝鲜能先于清朝与各国缔结平等条约，这也是何如璋朝鲜论的基本论点之一。如前所述，何如璋在给清政府提出的朝鲜论当中，也体现了这一论点。何如璋的意图是希望朝鲜能够在和平时期与各国缔结平等条约，这样一来中国就可以以此为先例，谋求对已经与诸国签订的不平等条约进行修订。

以上的话题告一段落之后，宴会的准备工作也已经完成。按照何如璋的建议，金、何二人移座至宴会厅。但这不仅仅是一次把酒言欢的酒宴，何如璋从话题中把握时机，发表了自己的朝鲜论。在宴席就座后，二人开始了以下的对话：

> 金弘集：仆未曾游庄，常以为嫌。今于海外获见中邦酌杯之

---

1 刘雨珍编校：《清代首届驻日公使馆员笔谈资料汇编》，天津人民出版社2010年版，第706页。

盛，又饱以德，感幸莫言。

何如璋：贵国负山滨海，宇内所需之物产，类皆有之，今日时变如此，计不如开港通往来，与各国并驰大洋也。[1]

听了这话，金弘集回答说朝鲜现在还不具备开放国门的条件。何如璋向金弘集发出警告说，西方人竞相争利，其中俄国特别蛮横无理，现在正在朝鲜北部集结大军，对朝鲜虎视眈眈。对俄国的这种威胁，何如璋这样阐述了自己所思考的对策：

愚见俄事颇急，现海内各国，惟美系民主之国，又国势富实，其与列国通好，尚讲信义，不甚图占便宜。此时彼来善求通商，若能仿此间议改之约稿，与之缔立条规，彼必欣愿。如此，则他国欲来通商者，亦必照美国之约，不能独卖，则一切通商之权利，均操在我，虽与万国交涉，亦有益无损之事。此万世一时之机会，不可失也。若必欲深闭固拒，致他日别生波澜，事急时所结条规，必受亏损无类。[2]

接受了何如璋的这番劝告，金弘集想起前几日与伊藤博文的会谈内容。

金弘集：日昨伊藤博文亦言，与一国立善约，则他国皆遵之，交万国与一国无异云。又闻美国不欲以西洋自居，其意欲伴于东

1 刘雨珍编校：《清代首届驻日公使馆员笔谈资料汇编》，天津人民出版社2010年版，第706页。

2 刘雨珍编校：《清代首届驻日公使馆员笔谈资料汇编》，天津人民出版社2010年版，第707页。

洋，而然否?

何如璋：先生所述伊藤之言，自是实话。顷日人议改之约，美国已允许之，即此一节，亦征其厚于东方之意。仆顷所云云，正是此意。又不相往来之举，今日屈指数之，宇内无几国，此事有决难终拒之势，固不如先一着为之。[1]

对于何如璋来说，这次酒宴是说服金弘集的绝好机会。在何如璋这一番言语攻势下，金弘集的想法也逐渐发生了变化。不过何如璋的说服工作并未结束，如前所述，他在给总理衙门的报告中说道："言语未通，不能尽意，中亦有如璋碍难尽言者，因命参赞黄遵宪作一《朝鲜策略》。"这天的宴会结束后，参赞黄遵宪按照何如璋的指示，开始执笔撰写《朝鲜策略》，花费了十天左右的时间，终于在金弘集回国前两天完成。

八月二日，黄遵宪带着刚刚完成的《朝鲜策略》拜访了金弘集，就《朝鲜策略》的制定进行了以下说明：

仆平素与何公使商略贵国急务，非一朝一夕。今辄以其意见，书之于策，凡数千言。知阁下行期逼促，恐一二见面，不达其意，故迩来费数日之力草，虽谨冒渎尊严上呈，其中过激之言，千万乞恕，鉴其愚而怜其诚，是祷。[2]

黄遵宪在这部《朝鲜策略》中详细阐述了何如璋朝鲜论的精髓，将朝鲜防御俄国入侵的策略总结为"亲中国、结日本、联美国，图自

1 刘雨珍编校：《清代首届驻日公使馆员笔谈资料汇编》，天津人民出版社2010年版，第707页。

2 刘雨珍编校：《清代首届驻日公使馆员笔谈资料汇编》，天津人民出版社2010年版，第708页。

强”。[1]黄遵宪的这部《朝鲜策略》宣告何如璋劝说朝鲜开国的工作基本完成。八月三日，金弘集到清朝公使馆话别，第二天携《朝鲜策略》匆忙踏上了归途。就这样，何如璋的朝鲜论借由黄遵宪所作的《朝鲜策略》开始在朝鲜国内宣传开来。

关于《朝鲜策略》在朝鲜的命运，已经有很多的研究成果，[2]黄遵宪在这之后也听闻这部作品复杂的命运，作了下面这首诗：

绕朝赠策送君归，魏绛和戎众共疑。
骂我倭奴兼汉贼，函关难闭一丸泥。[3]

以朝鲜问题的策略赠予你，送你踏上归途。魏绛言说与西方蛮族修好以图五点利处，但我所言“结日本、联美国”的策略却受到世人的猜疑，骂我是日本人的说客，是汉奸。难道世人都不知一块泥巴是不可能封闭函谷关的吗？积极主张外交活动有效性的诗人黄遵宪以此来感叹《朝鲜策略》的不幸命运。

---

1 《朝鲜策略》虽由黄遵宪执笔，但正如本章所示，这部《朝鲜策略》是根据何如璋的指示，为阐述何如璋的外交思想而著成的。何如璋之所以没有使用自己的名义来写，是出于遵守本国政府“密为维持保护”方针的需要，没有使用清朝驻日公使这样正式的名义，而是使用了“广东黄遵宪私拟”的形式，以个人名义议论朝鲜问题。

2 关于当时在朝鲜国内的反应，有以下评论：“从朝鲜人民的历史性经历，特别是对于卫正斥邪派的人士来说，这样的主张是难以接受的。10年前已经经历过美国的武力侵犯，加之自《江华条约》签订以来日本的侵略野心越来越露骨，《朝鲜策略》所主张的‘结日本’‘联美国’是不可能被正面接受的。……黄遵宪也被抨击为自称是生于中国，却为日本人做说客，是基督教的维护者。这部《朝鲜策略》和将其带回国的金弘集也受到了强烈的谴责。”（［韩］姜在彦：《朝鲜近代史》，平凡社1986年版，第44页）

3 黄遵宪著，钱仲联笺注：《人境庐诗草笺注》，上海古籍出版社1981年版，第586页。

第八章
跨文化交流的思索

一
东来之法

在黄遵宪初来日本时，日本对于大多数中国人来说还是个神秘的国家。黄遵宪对日本的认识也尚处于一种文人的幻想中。初来日本时，关于日本黄遵宪在诗中这样写道：

避秦男女渡三千，海外蓬瀛别有天。
镜玺永传笠缝殿，倘疑世系出神仙。[1]

在这首诗后面的注释中黄遵宪又强调："总之，今日本人实与我同种。"黄遵宪对日本还没有很明确的认识，认为它就像是从中国的传说中衍生出来的神秘国家，在文化上和中国同文同种。然而，当他实际来到日本，看到的却是明治政府热衷西化，全国出现了轻视汉学的倾向。黄遵宪的朋友石川鸿斋针对当时向西方文明一边倒的社会潮流，对黄遵

1 黄遵宪著，钟叔河辑校：《日本杂事诗广注》，湖南人民出版社1981年版，第35页。

宪这样说道："现在的学者倾向于欧洲文化，一提到欧洲、美国他们便对其学问大加称赞，并称之为文明大国。"

图8-1 《日本杂事诗》

之后，英国学者乔治·贝利·桑塞姆（George Bailey Sansom）对明治初期的社会潮流也这样写道：新政府开始奖励生活方式的西方化。这是新政府计划的一部分，是新政府当时的所谓废除"旧弊"、蓄养国力的举措。明治政府认为近代西方国家物质的、务实的诸特性是他们国家强大的根源。这一方针得到了反应敏捷、追求流行的城市民众近乎狂热的支持。[1]

当时的黄遵宪仍深受夜郎自大的中华思想影响，并把此作为价值判断的唯一标准，他对这样的社会潮流抱有极大的不满。他从中国的古籍中搜集论据，尝试论证西方学问的根源在东方，并断言"泰西之学，墨翟之学也"。从其诗中，我们可以了解这一时期黄遵宪的思想：

削木能飞诩鹊灵，备梯坚守习羊坽。
不知尽是东来法，欲废儒书读墨经。[2]

《墨子·鲁问》中有这样的一句话："公输子削竹木以为鹊，成而飞之，三日不下。公输子自以为至巧。"《墨子·备梯》中也有记载，墨子的弟子禽滑釐师从墨子三年，方从墨子处学得守城法。黄遵宪以这两个典故为由，强调中国也曾是拥有发达科学技术文明的国家。然而，这样

1 ［英］乔治·贝利·桑塞姆著，［日］金井园等译：《西方世界和日本》下册，筑摩书房1966年版，第123页。

2 黄遵宪著，钟叔河辑校：《日本杂事诗广注》，湖南人民出版社1981年版，第96页。

的科技文明到了近代有所衰退。黄遵宪已经看到了日本自明治维新以来关注并努力学习西方近代科技的积极姿态。他在诗的注解中写道："学校甚盛，唯专以西学教人。"日本西方化一边倒的倾向引起黄遵宪的强烈反感。因此，他在诗中写道："不知尽是东来法。"在诗的注解中，黄遵宪这样写道："别详《文学志》中。"鉴于此，我们来看一下他急于让世人参看的《日本国志·学术志》中的一节："日本蕞尔国耳，年来发愤自强，观其学校分门别类，亦骎骎乎有富强之势。则即谓格致之学，非我所固有，尚当降心以相从；况古人之说，明明具在，不耻术之失其传，他人之能发明吾术者，反恶而拒之，指为他人之学，以效之法之为可耻，既不达事变之甚，抑亦数典而忘古人之实学，本朝之掌故也已。"[1]

黄遵宪认为，日本否认其文化真正根源在中国是可耻的，是忘本。黄遵宪自认为自己是没有忘记祖先的。他力图证明西方之学问皆来自中国的古典："余考泰西之学，墨翟之学也。尚同、兼爱、明鬼、事天，即耶稣十诫所谓'敬事天主''爱人如己'。"[2]

关于泰西之学问即墨翟之学这样的想法，黄遵宪在《日本国志·学术志一》中也有详细论述，归纳起来，有以下四点：

一是西方提倡的自主权利就是墨子的尚同说。

二是西方的博爱就是墨子的兼爱说。

三是西方的尊重上帝，并把灵魂交给上帝等同于"尊天明鬼"。

四是西方人善机械技术，仅是对墨翟的"备攻备突、削鸢能飞"之说的发挥和应用。

黄遵宪为确立这样的理论曾和日本人进行讨论，他给中村正直写

---

1 黄遵宪：《日本国志》，天津人民出版社2005年版，第803页。

2 黄遵宪著，钟叔河辑校：《日本杂事诗广注》，湖南人民出版社1981年版，第96页。

过这样的信，大意为：我曾从《墨子》中抄录了其中与西学吻合之处，现送予您。您博通汉学与西洋学，我所抄录之处是否准确，还请您指点一二。

中村正直在回复黄遵宪的诗句中这样称赞其学说的新颖之处：

一夕知胜十年读，如泛大海探异宝。
尝论墨子同西说，卓识未经前人道。[1]

由此可见，黄遵宪试图证明西方之学源自东方。内藤湖南用这样一段话来论述像黄遵宪这样的清末中国人的思想状况："近年来对诸子百家学问的研究十分盛行，其中最盛行的是对老子、墨子的研究。尤其是墨子学说，因为它与西方的理学相似，所以盛行，墨子几乎和孔子一样备受尊敬。"[2]

这指的是黄遵宪及同时代的一部分中国人在解释西方文化时出现的现象。当时的驻日公使何如璋也主张东学是西学之源。他在《跋日本青山铁枪战略新编》中这样写道："今欧西尚武，攻守之具，日讲日精，而要其运用之妙，究不出乎古人。习者不察，乃眩其新奇，过矣。"[3]

何如璋此处所说兵法方面的古人当然是指孙子、吴子等中国的古人，他持有这样的观点是想在拥有强大武力、进驻东方的西方人面前保持作为中国人的自尊心。同时期驻在英国、法国的公使曾纪泽也认为西方学问之源在东方。他在光绪五年（1879）二月二十三日的日记中这样写道："二十三日夜，与松生一谈。松生言西人政教多与周礼相合，意

---

1 ［日］中村正直：《奉赠黄公度先生》，《敬宇诗集》卷四，敬宇诗集刊行发行所1926年版，第53页。

2 ［日］内藤湖南：《清朝史通論》，平凡社1993年版，第363—364页。

3 何如璋著，吴振清、吴裕贤编校：《何如璋集》，天津人民出版社2010年版，第92页。

者老子为周柱下史，其后西到流沙，而有周之典章法度随简册而俱西，但苦无确证耳。其说甚新而可喜。余谓欧罗巴洲，昔时皆为野人，其有文学政术，大抵皆从亚细亚洲逐渐西来，是以风俗人物与吾华上古之世相近。”[1]

分别赴任东洋日本、西洋英法的两位公使不约而同持有同样的观点。这也是当时的中国人在西方文化的冲击下，表达对本国文化不变的信念及保持对本国文化自尊心的一种表现。[2]

黄遵宪同样也是出于对本国传统文化的热爱以及对西方文化冲击的反感，开始研究“西学始于墨子”的。他在前文提到的“削木能飞诩鹊灵”的诗后，附了一长篇文章，证明西学与墨子的关系，并对日本国内西方文化一边倒的现象进行了如下谴责：“凡彼之精微，皆不能出吾书。第我引其端，彼竟其委，正可师其长技。今东方慕西学者，乃欲舍己从之，竟或言汉学无用。故详引之，以塞蚍蜉撼树之口。”[3]

然而黄遵宪主张西方学问源自墨子之说，并非单纯是因为对西方文化的反感。他经历了复杂的思想斗争，在“削木能飞诩鹊灵”一诗的结尾处写了“欲废儒书读墨经”的诗句。从这首诗中可以看出，黄遵宪对

---

1 曾纪泽著，张玄浩辑校：《使西日记（外一种）》，湖南人民出版社1981年版，第62页。

2 在黄遵宪之前，西学之源来自墨子一说可参考清道光年间邹伯奇的《学计一得》，以及其之后张自牧的《瀛海论》。对于“西学源出中国说”与“中体西用”的关系，有以下观点：“当‘中体西用’论者期望达成‘体用’论理想的‘体用兼赅’，以及减少引进西用的阻力时，乃多以‘西学源出中国说’或是托古的中国‘古已有之’观念作为媒介，使中体与西用之间产生关联，增强理论架构的完整性。问题是这一旦‘西学源出中国说’或‘古已有之’观念缺乏事实的支持而丧失媒介的功能，‘中体西用’思想架构的完整性便面临崩解的危机，而其思想的‘真值’也便面临否定的命运。”（薛化元：《晚清“中体西用”思想论（1861—1900）》，弘文馆出版社1987年版，第230页）

3 黄遵宪著，钟叔河辑校：《日本杂事诗广注》，湖南人民出版社1981年版，第98页。

于日本西方化现象的复杂、纠结的心理。他对日本的这种社会现象抱有批判性的看法。这是他对当时日本人荒废以儒家思想为代表的正统学问，学习西方近代科学技术（尽管日本人不承认，黄遵宪依然认为此学问源于中国，现在被日本人奉为西方之学）的不满。

此外，黄遵宪也意识到明治时期的日本，因为学习西方文明而促进社会巨大发展，他在思想上产生了很大的动摇。他认为西方学问之源是《墨子》，而且从《墨子》中发现了新的价值，所以他决心学习《墨子》。这对于接受儒家教育并以此为思想之根本成为举人的黄遵宪来说，有着极为重大的意义。在这儿我们可以看到他意欲理解新文化、新价值的崭新姿态。相对于儒家经典，《墨子》更尊重技术、提倡人们生活的合理化。《墨子》中的主张正是日本要学习的地方。因此，黄遵宪放下其主张的儒家思想，转为诵读《墨子》，意味着他在思想上发生转变，即转变为重视科学技术之类的实用科学。

《墨子》对于黄遵宪有着双层意义：其一，它是中国固有思想的象征；其二，它是西方近代科学技术的代名词。基于西学源于东学之说，黄遵宪把这两层含义分别比喻为源头与支流，并由此开始毫无顾虑地学习西方学问。借助黄遵宪的这个独特比方，学习西方之事可理解为“譬之家有秘方，再传而失于邻人，久而迹所在，或不惮千金以购还之”[1]。

在这里值得关注的是，原为儒家思想追随者的黄遵宪却倾心于墨家学说，重视实用之学。他由此探寻中国学问与西方学问的关系，或二者各自所处的位置，以求为自己内心的苦苦挣扎寻求突破口。

---

1 黄遵宪著，李绍平校点：《日本国志》，岳麓书社2016年版，第1098页。

二

未著之书

黄遵宪有着较高的中华传统文化教养，他在接触外来新事物时，会通过自己的固有知识来审视。他把自己的知识结构分为两部分，即源自正统的儒学知识和源自非正统的诸子百家知识。他来到日本，很快便认识到如果完全依赖之前始终坚持的儒家思想，便无法打破国家停滞不前的局面。应该说，黄遵宪早期采取的跨文化交际方式虽然尚有不成熟之处，但他与当时的中国人相比，在跨文化认识上既有积极的态度，同时也有较为灵活的思考问题的方式。

黄遵宪在年轻时，曾在名为《杂感》的诗中写下这样一句话——“六经字所无，不敢入诗篇”，并以此批判固执僵化的“俗儒”。在感受到儒学的局限时，他在脑中想到的是和儒学不同的其他中国特有的学说。他把这种学说与外部的新文化融合在一起，并以此为中国的古学赋予新的生命力。这种思考问题的方式在黄遵宪的很多诗或文章中都有所体现。在之前论述的诗中，有他引用的《墨子》，这便是被他赋予新生命力的古学说之一。

接下来我们以一首黄遵宪关于日本教育的诗，来探究一下他在接纳异国文化时所做的努力。

化书奇器问新编，航海遥寻鬼谷贤。
学得黎鞬归善眩，逢人鼓掌快谈天。[1]

新的时代需要“新的篇章”，这首诗写的便是日本人的海外留学。

1　黄遵宪著，钟叔河辑校：《日本杂事诗广注》，湖南人民出版社1981年版，第99页。

留学海外寻得新知识是日本的传统，关于这一点黄遵宪这样写道："日本唐时遣使我国，每有留学生，官制礼教，皆亦趋亦步。今于泰西，亦如此也。"[1]

当然，唐朝时日本留学生们所学习的并不是鬼谷子的学说，而是正统的礼教、官制。然而到了明治时期，日本留学生们开始追求"鬼谷之贤"。鬼谷子生于战国时代，原名王诩，据说是著名纵横家苏秦、张仪的老师，被称为具有通天之智的"奇术"师。现今，代表他技艺的"奇术"为西方人必求之物。"黎鞬"是大秦国，即东方罗马帝国，在这儿指的是欧洲。眩即为幻，被称为"奇术"。日本的留学生们从西方习得学问回国，逢人便神采飞扬地介绍外面的新天地。实际上，黄遵宪在日本时他也应该见过很多这样的留学生。他也会兴致盎然地听留学生们讲述海外"奇术"吧。

黄遵宪把《鬼谷子》这种非正统学问看作是明治时期日本留学生们从西方学来的学问的代名词，从这一点上，能看到他在认可异国文化价值上所做的努力。这种曲折的认识事物的方法，在黄遵宪的另一首诗中也有所体现。

欲争齐楚连横势，要读孙吴未著书。
缩地补天皆有术，火轮舟外又飞车。[2]

这是描写日本士官学校的诗。黄遵宪在这首诗的注解中这样写道："日人之为陆军也，取法于法与德；为海军，取法于英。"谙熟中国古籍的黄遵宪在描写这种西方的教育方法及学习兵法的士官学校时，马上联

1 黄遵宪著，钟叔河辑校：《日本杂事诗广注》，湖南人民出版社1981年版，第99页。
2 黄遵宪著，钟叔河辑校：《日本杂事诗广注》，湖南人民出版社1981年版，第105页。

想到本国的兵法、兵家。他以自身对兵家典籍的认识描写了新时代的学校。

进入19世纪以来，中国社会历经外压内乱，开始出现大动荡。1840年的鸦片战争，帝国主义者用大炮打开了长期闭关锁国的“天朝”大门。1848年，黄遵宪在广东出生。1851年，太平天国运动在广西爆发。1856年，第二次鸦片战争爆发，英国的军舰进入广州内河。1865年，太平天国的残存势力来到黄遵宪的故乡，那时黄遵宪刚结婚不久。就这样，黄遵宪从少年到青年，经历了大清帝国日益严峻的危机。他作为一个这样国势衰弱的国家的代表出使日本，其内心定是十分困苦的。

黄遵宪的“齐楚连横势”指的是新时期国家的军事力量。他热切盼望中国变得强大，并且主张要想强大，有必要读“孙吴未著之书”，也就是中国兵法中没有的书，指的是西洋的兵法。面对本国严峻的危机，黄遵宪开始把目光投向西方的长处。他通过“要读孙吴未著书”这样的表述，来表达自己对从异国文化中吸收中华传统文化所缺之物必要性的看法。和之前诗中出现的“读墨经”的表达一样，这是黄遵宪在接受异国文化时灵活性的表现。

然而至此黄遵宪所认识到的无非是引进西方实用性的东西。他认识到西方之学会让人与人之间产生竞争，在《日本国志·学术志》中指出：“吾观欧罗巴诸国，不百年必大乱。”[1]他并不主张全面西方化，而认为在中国的传统思想中，还有很多合理的部分，为保国家安宁必须依靠这些传统的伦理道德。他还认为有“利”之处势必有“弊”，并这样写道：“然则韩子之用墨，举其善而言之也；孟子之辟墨，举其弊而言之也。日本之学术，先儒而后墨，余故总论其利弊如此。”[2]

黄遵宪就本国文化和外来文化的关系这样说道：“则即谓格致之

1、2　黄遵宪著，李绍平校点：《日本国志》，岳麓书社2016年版，第1066页。

学，非我所固有，尚当降心以相从。”[1]然而在西方的学问上，他认为西方之学终究是辅助性的。他曾自鸣得意地讲道：“借资于彼法以为之辅，以中土之才智，迟之数年，即当远驾其上。”[2]

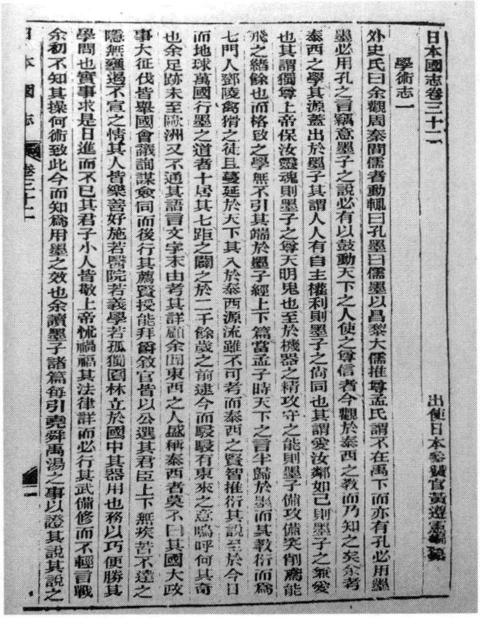
日本國志卷三十二　出使日本參贊官黃遵憲撰

學術志一

外史氏曰余觀周秦間儒者動輒曰孔墨曰儒墨以昌黎大儒推尊孟氏謂不在禹下而亦有孔必用墨墨必用孔之言竊意墨子之說必有以鼓動天下之人使之尊信者今觀於泰西之教而乃知之矣余考泰西之學其源蓋出於墨子其謂人人有自主權利則墨子之尚同也其謂愛汝鄰如己則墨子之兼愛也其謂獨尊上帝保汝靈魂則墨子之尊天明鬼也至於機器之精攻守之能則墨子備攻備突削鳶能飛之緒餘也而格致之學無不引其端於墨子經上下篇當孟子時天下之言半歸於墨而其教衍而為七門人鄧陵禽猾之徒且蔓延於天下其入於泰西源流雖不可考而泰西之賢智推衍其說至於今日而地球萬國行墨之道者十居其七距之闢之於二千餘歲之前逮今而駸駸有東來之意嗚呼何其奇也余足跡未至歐洲又不通其語言文字未由考其詳顧余聞東西之人盛稱泰西者莫不曰其國大政事大征伐皆舉國會議詢謀僉同而後行其薦賢授能拜爵敘官皆以公選其君臣上下無疾苦不達之隱無壅遏不宣之情其人皆樂善好施若醫院若義學若孤獨園林立於國中其器用也務以巧便勝其學問也實事求是日進而不已其君子小人皆敬上帝慄禍福其法律詳而必行其武備修而不輕言戰余初不知其操何術致此今而知為用墨之效也余讀墨子諸篇每引堯舜禹湯之事以證其說其說之

日本國志　卷三十二

图8-2　《日本国志·学术志》

黄遵宪的这些想法也有牵强附会的一面。他主张本国传统思想的有用性，在无损于本国文化的前提下尝试接纳西方文明中实用的部分。他对异国文化的理解虽然存有局限，但他认为“西学之源在东学”“借西方之法以辅之”，并以此为理论基础积极地致力于理解异国文化。他的思想没有单纯划一的地方，时常会有自相矛盾之处。他便是在这样的努力摸索中一点点加深了对异国文化的理解。

1　黄遵宪著，李绍平校点：《日本国志》，岳麓书社2016年版，第1099页。

2　黄遵宪著，李绍平校点：《日本国志》，岳麓书社2016年版，第1098页。

第九章 日本研究的开展

一 构思《日本国志》

担任公使馆参赞的黄遵宪在日本的四年里，做的最多的事情便是研究日本。他来到日本，早已把辅佐公使、研究出使国作为自己的使命。由此，他在来到日本的第二年便完成了作为基础研究的《日本杂事诗》。在此基础上，他进一步深化研究成果，在四年任期期满时，初步

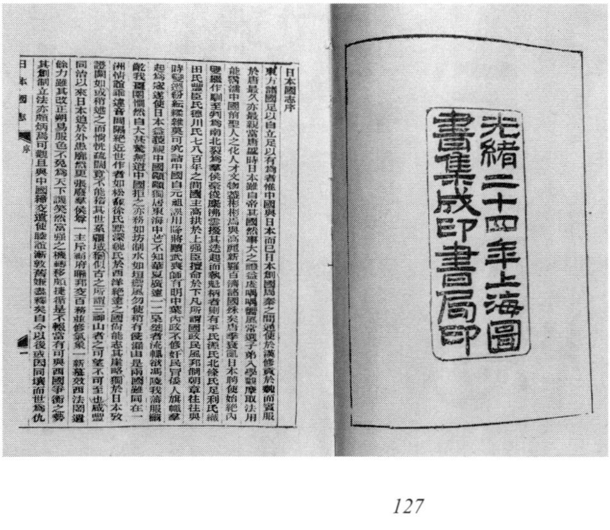

图9-1　《日本国志》

完成了他对日本研究的集大成之作《日本国志》的初稿。[1]

黄遵宪来日之后，认识到中国人对日本的一无所知，并对此感到很不安。之后他便坚定了研究日本的决心。黄遵宪在《日本杂事诗》中列举了中国对日研究匮乏的现状，他这样写道："日本与我仅隔衣带水，彼述我事，积屋充栋，而我所记载彼，第以供一噱，余甚惜之。今从大使后，择其大要，草《日本志》成四十卷……"[2]

黄遵宪对中日两国之间相互研究的不均衡感到非常不安。来日之后，他才知道日本人对中国研究之广、之深，同时也切身感受到了日本人对中国研究的热情。自在东京设置清朝公使馆以来，关心中国的日本人积极来访，并设法与公使馆人员接触。黄遵宪理解这些积极地想要了解外国事情的日本人的心情，并给予了高度的评价。与此同时，他也看不起本国那些狂妄自大、目中无他国的士大夫，并为他们感到担忧。在《日本国志》的序文中，黄遵宪对于中日两国对外研究程度的不同这样写道："以余观日本士夫，类能读中国之书，考中国之事；而中国士夫，好谈古义，足己自封，于外事不屑措意。无论泰西，即日本与我，仅隔一衣带水，击柝相闻，朝发可以夕至，亦视之若海外三神山可望而不可即……"[3]

《日本国志》这一书的序文里，黄遵宪反复强调了日本和中国的知

---

1 黄遵宪于1877年11月赴日上任，1882年1月被任命为美国洛杉矶总领事，他从横滨出发赴美。他在日本四年多的时间里，为编写《日本国志》多方收集资料，并完成了初稿。离开日本时，他在《奉命为美国三富兰西士果总领事留别日本诸君子》这首诗中写下了"草完明治维新史，吟到中华以外天"的诗句。自离开日本至1885年8月，黄遵宪在美国期间没能完成《日本国志》的编写。从美国回国后，他毅然辞去各种职务，于1887年5月，终于在家完成了四十卷五十余万字的《日本国志》的编写。该书于1890年由羊城富文斋刻版，1895年正式出版。

2 黄遵宪著，钟叔河辑校：《日本杂事诗广注》，湖南人民出版社1981年版，第238页。

3 黄遵宪著，李绍平校点：《日本国志》，岳麓书社2016年版，第5页。

识分子在对外研究中的态度及成果的差距，并对此感到强烈的不安。这也是他进行日本研究的原动力之一。借助着这股原动力，黄遵宪从来日的第二年开始，正式动笔编著《日本国志》。关于这一点，黄遵宪在《日本国志》的序文中这样写道："既居东二年，稍稍习其文，读其书，与其士大夫交游，遂发凡起例，创为《日本国志》一书。朝夕编辑，甫创稿本……"[1]

在编著《日本国志》时，他广泛地与日本人进行交流、收集资料。然而，当时作为中国人，他在收集与日本相关的研究书籍方面还存在着极大的困难。关于这一点，黄遵宪在《日本国志》的凡例中列出了三大困难：

其一，"采辑之难"。一是日本没有自古保存下来的有体系的史书，即"考古"难。二是自明治时代起，虽然政府及各官厅颁布了很多条文、章程，但多为日文，因不能逐一翻译，所以"征今"难。

其二，"编纂之难"。黄遵宪来日本时日尚浅，因为语言不通，所以登门拜访或进行实地考察很困难。另外，因为身居国外，能够提供帮忙的人少之又少，阅读群书、誊写记录等需要花费大量精力。

其三，"校雠之难"。在黄遵宪所收集的资料中，有很多书找不到原本，另外，书中的专业用语多为从日文译为汉语，或由英文译成日文再译成汉语，所以文字的校对十分困难。

如上所述，黄遵宪列出了编著《日本国志》这本专业性很强的日本研究著作时，在资料收集、编纂、校对等方面遇到的困难。的确，对于来日时间尚短、不懂日语的黄遵宪来说，这些困难都是超乎想象的。为了克服这些困难，黄遵宪付出了巨大的努力。这些努力在他与日本人的笔谈中可以看到。明治十一年（1878）六月十六日，汉学家石川鸿斋来

1　黄遵宪著，李绍平校点：《日本国志》，岳麓书社2016年版，第5页。

访公使馆，黄遵宪与他进行了笔谈，从他们的笔谈记录中，可以看到当时黄遵宪在收集资料时的尽心竭力。

> 黄遵宪：贵国典章，闻《礼仪类典》五百余册，恨非汉文。《大日本史》之十二志又未刊行。有何书可以供读否？敢问。
>
> 石川鸿斋：全书无。仆处古书无可证者，间有之者，皆敝国之文。史书《大日本史》既尽矣，其他糟粕耳。以敝文所志，间有数卷中仅仅得一二段耳，未备也。
>
> 黄遵宪：《大日本史》有记传而无表志。欲考章典，必于志乎。仆急急欲得如史志诸书览之，恨其不知也。
>
> 石川鸿斋：《日本外史》初卷有引书标目，仆不悉记，请在馆中示之耳。[1]

从以上对话可以看出，黄遵宪在收集资料过程中的辛苦付出。对他来说还有一个困难便是不懂日语，他必须拜托别人把资料译成汉语。关于这方面的努力，同样在和石川鸿斋的笔谈中有所体现。明治十一年（1878）十一月二十一日，石川鸿斋和大河内辉声一起造访了公使馆。从大河内辉声在笔谈遗稿中的说明可知，这一日他们是为请教公使何如璋《明史稿》的断句而来。

谈话过程中，石川鸿斋拿出《国史略》让黄遵宪看。他看了良久，便向石川鸿斋提出了帮忙翻译的请求。

> 黄遵宪：此篇自“政体”以下，祈代为译汉，但何以酬劳，祈

1　刘雨珍编校：《清代首届驻日公使馆员笔谈资料汇编》，天津人民出版社2010年版，第128页。

足下自度，与王漆园言之。

石川鸿斋："政体"以来迄尾译之欤？

黄遵宪：是书译毕，他尚有烦君者。一切纸笔之费，仆以为不如计篇数，如每十篇需多少，足下自审度之可也。

石川鸿斋：此文鄙拙，译之不甚佳，惟贯串意而已。仆尘事多端，请限今年毕业。[1]

像这样，黄遵宪在对日本的研究过程中尽管遇到了很多困难，但他以坚忍不拔的努力克服了这些困难。在文字资料的收集之余，他自己也目睹了日本近代化的动向及传统文化中美好的风俗习惯。

明治十三年（1880）的六月十九日，在给友人王韬的书信中，有这样一段关于黄遵宪在日本旅行的记载："念日本山水素称蓬壶，屐齿不一至，虑山灵贻笑；而村乡风景，亦窃欲考风而问俗，故恣意为汗漫之游。"[2]

从黄遵宪的这封书信来看，他希望北上涵馆、西到京都、南至鹿儿岛，绕日本各地旅行一周，而不只是去箱根之类的名胜之地。黄遵宪的这些旅行计划并不是单纯的名胜古迹的观光之旅，他要把旅行中的见闻写入《日本国志》。如此，黄遵宪在进行日本研究时不仅经历了各种困难，同时也通过实际接触日本美好的传统文化，感受到学问带来的诸多乐趣。然而，他的日本研究并不单纯是学术研究上的苦与乐，还时常伴随着危险。

---

1 刘雨珍编校：《清代首届驻日公使馆员笔谈资料汇编》，天津人民出版社2010年版，第273页。

2 郑海麟、张伟雄编校：《黄遵宪文集》，中文出版社1991年版，第151页。

二 地图事件

光绪二十三年（1897）三月二十一日，黄遵宪在给友人汪康年的书信中，有这样一段《日本国志》的编纂后话："《日本国志》初属稿时，《地理志》附数图。……既定体制，拟草稿，遂托陆军参谋部木村某以精铜刻板，与之订约，并交去百金。木村者，陆军绘图素出其手，忽为人告讦，谓其卖国，以险要形胜输之中国使署，遽锒铛下狱，扃禁甚严。数日后其妻子始闻其实，来署哭诉。其时大山岩方官陆军卿，与弟素好，弟详言著书之故，并以约底送阅，乃邀释放。然其事遂作罢论矣。"[1]

而且他也完全没有想到，他为编纂日本研究的书，拜托朋友刻制日本地图，竟被当作间谍，并因此给日本朋友带来了麻烦。

地图事件究竟是怎么回事呢？我们从当时的报纸和当事者的证词中来一探究竟吧。明治十四年（1881）二月四日的《东京日日新闻》中有这样一则报道："1月31日上午7时左右，陆军法庭的官员及五六名随从突然造访了位于小川町63番地宫城县士族陆军少佐木村信卿的家，面见木村后拿出了一份文件，说是有要事相问，强行把他带到了陆军法庭。……据传，好像是因为他刻制日本的全国地图并秘密卖给了清国公使馆一事被告发了。然事实真相是怎样呢？"[2]

几天后的二月十日，《朝野新闻》就木村与公使馆书记官黄遵宪的关系、木村欲提供给他的地图是否不为人所知等问题做了详细的报道：据我所知，木村从若干年前便计划把法国的地名译成汉字标记在地图

1　郑海麟、张伟雄编校：《黄遵宪文集》，中文出版社1991年版，第179页。

2　据现存于国立公文书馆的《陆军省公文录》记载，木村信卿于明治十四年（1881）一月二十九日被逮捕拘留。

上。为此他四处查阅汉字拼音，但仍有不明之处。后来向清国公使馆的黄遵宪求助，由此二人有了交情。在学习汉字拼音的过程中，他们逐渐熟识。一日，黄遵宪提起自己正在撰写《日本国志》一书并打算回国后出版。他想在书的首页附上日本的全国地图，但在中国找不到这样的样本，不知如何是好。恰在此时有幸结识了木村，听说木村几年前曾在参谋局制作过精密的日本、朝鲜、中国地图（现已在市面发行），于是黄遵宪拜托木村为其绘制日本地图。木村不得已答应了黄遵宪的请求，并把绘制日本地图一事托付给了自己一位善于制图的朋友。草图虽已成形，但尚未进行刻版，也没有把地图交给黄遵宪。

这次报道介绍了木村信卿和公使馆书记官黄遵宪接触的由来，以及黄遵宪索要地图的理由。这些说明完全是可信的。

正如前文所述，石川鸿斋在为《日本杂事诗》写的跋文中记载，清朝公使馆在东京设置以来，有很多人来公使馆与之建立联系。其中有不少高官，如当时的参议伊藤博文、海军大臣榎本武扬、陆军大臣大山石等。另外，来访的汉学家也有很多，代表人有在本文中多次出现的大河内辉声、宫岛诚一郎、石川鸿斋、冈千仞等。公使馆也积极地接待了来访者，并且平时他们还会与来访者进行笔谈或组织汉语讲习等活动。另外，他们把每周五作为开馆日，主要用来接待来访者。[1]因此，木村信卿为学习中国拼音来拜访公使馆，这应该是情理之中的事情。明治十二年（1879），黄遵宪已经全面着手《日本国志》的编写。这一点从同年十二月十八日黄遵宪与汉学家鬼谷省轩的笔谈内容可获知。

龟谷省轩：阁下近来有何著述？

1 明治十一年（1878）十月二十八日大河内辉声与黄遵宪的笔谈记载，《朝野报纸》刊登有周五接待一般来访者的公告。（刘雨珍编校：《清代首届驻日公使馆员笔谈资料汇编》，天津人民出版社2010年版，第252页）

黄遵宪：近来方编《日本国志》，恐至明年此时方能脱稿，为目十有二：曰国统，曰邻交，曰天文，曰地舆，曰职官，曰食货，曰兵，曰刑，曰学术，曰礼俗，曰物产，曰工艺，成书约有五六十卷。

龟谷省轩：所引用之书已具否？弟有所知，亦应言之。

黄遵宪：其不备不全者，当一一请教。虽然，仆之此书，期于有用，故详近而略古，详大而略小，所据多布告之书，及各官省年报也。[1]

可见，黄遵宪从很早之前便着手撰写有关日本研究的书籍，这也是在当时为人所共知的。另外，黄遵宪以“详近略古”为编写方针，因此他多方搜集各种官省资料之事也是必然，搜集日本地图也不过是编写工作中的一个环节。

关于黄遵宪向木村信卿拜托地图制版的原委，可从馆藏于东京国立公文书馆的《陆军省公文录》中可知，记录在与事件有关的木村信卿的供述书中。木村在供述书中对与公使馆之间的来往这样写道：“关于受清国公使何如璋委托刻制日本地图数张及与公使馆书记官黄遵宪签订契约一事，我以非官之身，欲为国家尽绵薄之力而学习清国语音。明治十三年六月经人介绍拜清国公使馆官员（户部司史）杨星垣为师，为学语音，经常出入公使馆，由此结识了同为公使馆官员的何如璋和书记官黄遵宪。同年七八月的一天，我来到何如璋的住处，恰好遇见星垣，何如璋说道：‘听闻你精通地图，我之前一直想着手写《日本志》，想拜托你帮忙制作日本地图……’”

1　[新加坡]郑子瑜、[日]实藤惠秀编校：《黄遵憲與日本友人筆談遺稿》，早稻田大学东洋文学研究会1968年版，第284页。

木村信卿在此提到的杨星垣并非后来曾任驻日公使的杨枢(字星垣)，而应该是杨星吾(即杨守敬，字星吾，一作惺吾)，此人富有学问。何如璋为让他负责公使馆的文化活动，专程从北京把他邀请至日本。[1]木村信卿在他的供述书中也强调公使馆要地图是为了“编著《日本志》”这一进行日本研究的目的。木村信卿本人也不认为自己的行为涉及泄漏国家机密。他在供述书中继续强调这一点：“某地属于某镇、某台等信息都能在已公开发行的书籍（塚本明毅著《日本地志提要》等）中找到资料，路线图一事是供大众使用的，不管国人还是外国人。他们想要知道的地点以及何如璋要我绘制的路线是长崎至函馆，仅一条直线，不需要其他分路，是极其简单的路线图，对于沿海炮台等也只是神户、神奈川、东京、函馆等均是他们特别熟悉的地方，就算标注在地图上应该也无大碍吧。”

如上所述，木村信卿强调公使馆索要的地图，已在市面上发行，并不是非法出售军事秘密。的确，黄遵宪他们也并不是直接以军事为目的收集这些地图。更何况，黄遵宪在他的《日本国志》的序中也十分明确地表明，附该地图是为了让中国国民了解邻国日本。恐怕黄遵宪他们是知道市面上有出售这些地图的。然而，他要的并不是这些市面上出售的地图，而是为了让这些地图更符合自己的著作，想请木村信卿把它们改版成铜版印刷的地图。可是，这说到底也只不过是文人外交官单方面的想法而已。

---

1 在何如璋与大河内的辉声笔谈记录中这样写道：“有一杨友在北京，书法极佳，学问亦博，欲招其来署，未知来否。”（[新加坡]郑子瑜、[日]实藤惠秀编校：《黃遵憲與日本友人筆談遺稿》，早稻田大学东洋文学研究会1968年版，第296页）杨守敬于明治十三年（1880）受何如璋之邀来到东京。之后在日本留任至第二任公使黎庶昌在任的明治十七年。在日期间，杨守敬编辑了《日本访书志》《古逸从书》等。另外，他也和当时日本的书法家有着广泛的交流。

黄遵宪他们向木村信卿索要地图是明治十三年（1880），正是中日两国间交涉琉球问题处于胶着状态的时期。清朝国内一部分强硬派甚至提出“攻日论”。在这样的时期，向日本友人索要标明军事设施的地图，的确是个很微妙的问题。实际上，在当时的清朝，日本地图也是十分罕见的。在同年四月二十一日（光绪六年三月十三日），清朝总理衙门的上奏文书中，方才有被赠予西洋文的日本地图的记载。

作为驻日公使馆，为本国提供有关日本的资料情报也是情理之中事，然而文人外交官黄遵宪收集有关日本的资料主要是用于学术性的研究，而且其目的也是将研究成果介绍到国内，并为本国的改革做贡献。关于这一点，后文还将展开介绍。总之，如上所述，黄遵宪在开展关于日本研究的过程中，遇到了种种困难。

第十章
外交内政的研究

一
神奇的国度

《日本国志》的《国统志》共分三卷，记载着日本上至神代、下至明治十二年（1879）的历史。在《国统志》中，黄遵宪通过对整个日本历史的研究，发现日本历史发展的模式与中国不同，并把它概括为三种“奇”：

第一奇，日本皇家血统“历岁二千余，一姓相承”。在历史发展过程中虽有人篡夺国家政权，但天皇一脉相承的事实没有改变，“然卒未有挈神器而移之外家，传之异姓，授之嬖宠者。匕鬯不惊，宗社如故，可不谓奇欤”。第二奇，历史上虽然天皇的权力被将军肆意篡夺，但是“将军擅权，此起彼仆。……卒无人焉犯不韪而干大命者。太阿下移，玉步未改，斯又奇矣”。第三奇，幕府时代末期内外混乱，“于是二三豪杰，乘时而起，覆幕府而尊王室，举诸侯封建之权，拱手而归之上，卒以成王政复古之功、国家维新之治。蒙泉剥果，勃然复兴，又一奇也”[1]。

1　黄遵宪著，李绍平校点：《日本国志》，岳麓书社2016年版，第63—64页。

黄遵宪认为日本始终实行一脉相承的天皇制，可谓是个奇迹，这与中国历史截然不同。在中国历史上，总是敌对势力推翻旧王朝，建立新王朝。黄遵宪对日本的这种历史现象非常感兴趣。在日本，即使是将军掌握实权的时代，也不推翻天皇，并一直维系天皇的存在。对于这样的历史，黄遵宪认为："盖既已居其实，不必争其名；且存之则我得挟以驱人，废之则人将挟以谋我。此或奸雄窃贼操术之工者，而王室一线之延，正赖以不坠，得以成今日中兴之业。"[1]

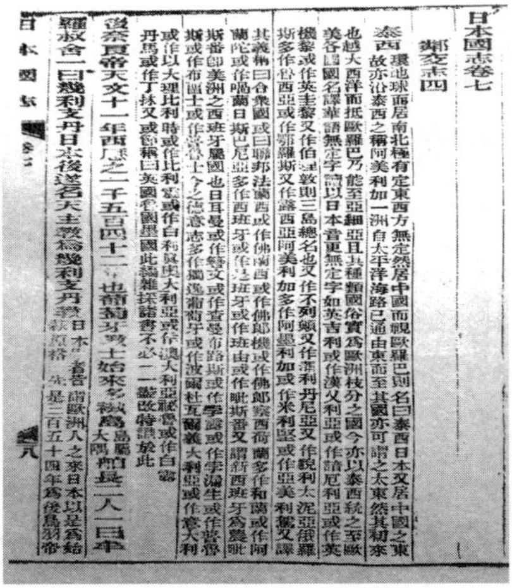
日本國志卷七

鄰交志四

泰西 環地球而居南北極有定東西方無定然居中國而視歐羅巴則名曰泰西日本又居中國之東故亦沿泰西之稱阿美利加一洲自太平洋海路已通由東而至其國亦可謂之太東然其初來也越大西洋而抵歐羅巴乃能至亞細亞且其種類國俗實爲歐洲枝分之國今亦以泰西統之至歐美各國國名譯華語無定字譯以日本音更無定字如英吉利或作漢乂利亞或作諳厄利亞或作英機黎或作英圭黎又作伯[illegible]軟則三島總名也又作不列顛又作[illegible]利丹尼亞又作貌利太泥亞俄羅斯多作俄西亞或作鄂羅斯又作露西亞阿美利加多作阿墨利加或作米利堅或作亞美利駕又譯其義稱曰合衆國或曰聯邦法蘭西或作佛南西或作佛郎機或作佛郎察西荷蘭多作和蘭或作阿蘭陀或作喝蘭日斯巴尼亞多作西班牙或作[illegible]班牙或作班由或作[illegible]斯番又謂新西班牙爲墨西斯番即美洲之西班牙屬國也日耳曼或作[illegible]文或作查曼布路斯或作孛魯或作孛漏生或作普魯斯或作布國士或作[illegible]士今之德意志多作獨逸葡萄牙或作波爾杜瓦爾義大利亞或作意大利或作以大理比利時或作比利[illegible]或作白[illegible]大利亞或作[illegible]或作白[illegible]丹馬或作丁抹又或[illegible]稱曰美國[illegible]國[illegible]國此編雜採諸書不必一一盡改特識於此

後奈良帝天文十一年西曆之一千五百四十二[illegible]也葡萄牙數士始來[illegible]大隅[illegible]長二人一曰牟羅叔舍一曰幾利支丹日本後遂名天主教爲幾利支丹[illegible]

日本國志 [illegible] 八

图10-1 《日本国志·邻交志》

关于这种一脉相承的日本皇统，黄遵宪在《日本杂事诗》的开篇第一首诗中这样写道：

立国扶桑近日边，外称帝国内称天。
纵横八十三州地，上下二千五百年。

一姓相承，自神武纪元至今岁己卯明治十二年，为二千五百三十九年。内称曰天皇，外称曰帝国。[2]

像这样，黄遵宪从日本的历史中发现了很多新奇的东西。当然这里

1 黄遵宪著，李绍平校点：《日本国志》，岳麓书社2016年版，第142页。

2 黄遵宪著，钟叔河辑校：《日本杂事诗广注》，湖南人民出版社1981年版，第31页。

所说的新奇是与中国相比之下的“新奇”。相对于中国朝代不断更迭的历史，黄遵宪从日本的历史中发现了其万世一脉相承的皇统。

对黄遵宪来说，对异国日本的研究是不断发现新奇事物的过程。在《地理志》中，他阐述了日本作为岛国的特殊性，并十分感慨。正如他所说，在这个地球上，所谓国家，是由领土及国境线界定的，它们彼此国土比邻，相互争夺。因此，国家的强弱大小并不是一成不变的，一日可成国，一日亦可覆国。然新奇的是，日本则不同。关于日本，黄遵宪这样写道：“而日本之为国，乃独立大海中，旷然邈然，不与邻接。……自神武纪元以来，二千五百有余岁，未尝举尺寸之土与人，亦未尝得尺寸之土于人。……盖自有日本以后，即守此终古，一成而不变，不亦奇乎？”[1]

像日本这样没有外敌入侵，一直保存着传统的国家，在黄遵宪看来是新奇的，他十分赞叹，并把这样的国家称为东方乐土。他这样写道：“余闻欧西有瑞士，山水清华，士女明媚，以介居诸大间，各谋保护，不相侵扰，世人比之桃源。而东方之日本，乃以远隔强国，自成乐土。天殆故设此二国，使之东西并峙欤！”[2]

在这段文字中，黄遵宪把维护国家安定的瑞士、日本这样的国家称为桃源、乐土，与遭受内忧外患、动乱不绝的中国相比，黄遵宪更加感慨万千。这种对他国的认识，有益于改变他中国式的思维方式。黄遵宪也自然而然地形成了这种认识，即世间美好的事物、人间乐土并不是像中国人认为的那样，只有中国才有。

1　黄遵宪著，李绍平校点：《日本国志》，岳麓书社2016年版，第304—305页。

2　黄遵宪著，李绍平校点：《日本国志》，岳麓书社2016年版，第305页。

二

物极必反

在黄遵宪的历史观中，他认为如果事物通达，势必发生变化，在历史发展中有“势”之说。他在《国统志》中列举了日本历史上的“奇”事。如明治维新时期，在外压内乱中涌现出两三个豪杰，成功完成国家改革，黄遵宪认为这是一个奇迹。对于这种奇迹，他主张“物极必反，事穷必变”。他认为这一变革是必然的，是历史发展的大趋势。

在编写《日本国志》的过程中，有一件事给黄遵宪留下了极深的印象，那便是日本民众要求开设国会的运动。在明治十二年（1879）七月二十四日的《朝野新闻》中刊登了家住千叶县的樱井静的“国会开设恳请议案”一文。下面是其中的一节：“一国之民，首先要有参与国家议会政治的权利。既然国民有参与国政的权利，那就必须能够行使。国民对设置能够实施这一权利的机关，即开设国会的呼声不断，乃至今年开始在地方开设了县会。然而，县会的权力极其有限，能参与处理的议案也微乎其微，不过是能够向地方税收提出质疑而已。这点权力虽是因为之前国民向政府施压，政府不得已公布的，但仅仅向一个小县质疑地方税收并没有什么实际效力。民众已经无法只满足于设置权力有限的地方县会和参与地方税收之类的初级问题。”

像这种反映社会动态的重要新闻报道，黄遵宪一定会看。这一点，从明治十一年（1878）末他与汉学家石川鸿斋的笔谈中可见：

> 石川鸿斋：译新闻纸布令者，有其人乎？未否？
>
> 黄遵宪：此间本有翻译冯姓者为之，然仆观之，不译亦知其事

也。通西人语言文字者多，通日本语言文字者少。[1]

设立国会对于关心日本社会变动、研究日本社会的黄遵宪来说是一个很大的研究课题。关于这次要求开设国会的运动，黄遵宪在《国统志》中这样写道："然而近日民心，渐染西法，竟有倡民权自由之说者。中兴之初，曾有万机决于公论之诏，而百姓执此说以要君，遂联名上书，环阙陈诉，请开国会而伸民权，而国家仅以迟迟有待约之，终不能深闭固绝而不许。前此已开府县会矣。窃计十年之间，必又开国会也。"[2]

在这篇文章中，黄遵宪理解了维新初期，民众利用《五条御誓文》中的"万机决于公论"胁迫政府的行为。的确，上面所引用的樱井静的"恳请议案"中也有"我国政府公论纷争不止"的说法。当时的这种社会思想，在黄遵宪的文章中也有所体现。他在文中预测日本十年内必开设国会，并认为国会的开设符合历史发展的趋势。黄遵宪在《国统志》中把日本历史的变动分为四部分：

第一，外戚擅权，移太政于太白；

第二，将门擅权，变郡县为封建；

第三，处士横议，变封建为郡县；

第四，庶人议政，倡国主为共和。

黄遵宪认为，推翻幕府、完成维新大业是在野人士之所为，而且现在提倡开设国会的也是庶民。关于庶民的运动，黄遵宪做了以下分析："维新以来，悉从西法：更定租税，用西法以取民膏矣；下令征兵，用西法以收血税矣；编制刑律，用西法以禁民非矣；设立学校，用西法以

1 刘雨珍编校：《清代首届驻日公使馆员笔谈资料汇编》，天津人民出版社2010年版，第273页。

2 黄遵宪著，李绍平校点：《日本国志》，岳麓书社2016年版，第64页。

启民智矣。独于泰西最重之国会，则迟迟未行，曰国体不同也，曰民智未开也，论非不是，而民已有所不愿矣。今日令甲，明日令乙，苟有不便于民，则间执民口曰：‘西法，西法！’小民亦取其最便于己者，促开国会，亦曰：‘西法，西法！’此牵连而并及者，亦势也。”[1]

黄遵宪指出明治政府根据自己的需求选择“西法”，这无疑是为政府服务的“西法”，而不是为了国民。因此，口口声声提“西法”的政府始终没有把开设国会这一“西法”最核心的内容付诸实施。而民众则以政府曾经提出的“万机决于公论”方针为由，要求开设国会。对于这一点，政府也不能完全回绝。对其理由及政府方面的顾虑，黄遵宪做了以下分析：“尊王之说，自下倡之，国会之端，自上启之，势实相因而至相逼而成也。何也？欲亡幕府，务顺人心，既亡幕府，恐诸藩有为德川氏之续者，又务结民心，故国王五誓，首曰万机决于公论。论者曰：此一时权宜之策，适授民以议政之柄而不可夺。”[2]

在文中，黄遵宪尖锐地指出了政府的顾虑。为俘获人心，政府提出权宜之计，然黄遵宪认为历史发展中有其必然之势，不能违背。这种思想体现在黄遵宪早期的文学论中。

黄遵宪的诗集《人境庐诗草》开卷第一首便有以下诗句：

古人岂我欺？今昔奈势异。
儒生不出门，勿论当世事。
识时贵知今，通情贵阅世。
卓哉千古贤，独能救时弊。[3]

1 黄遵宪著，李绍平校点：《日本国志》，岳麓书社2016年版，第144—145页。

2 黄遵宪著，李绍平校点：《日本国志》，岳麓书社2016年版，第144页。

3 黄遵宪著，钱仲联笺注：《人境庐诗草笺注》，上海古籍出版社1981年版，第2页。

古人没有欺瞒我辈，只是今昔时势不同。当今足不出户的学者先生们，请你们不要再论及时事。识时代莫如知当下，晓时事贵在经世事。唯有千古之贤者，方能救国之弊害。

在这首诗中，黄遵宪主张古今之势不同，把握实时之势最为重要。而且他还强调，只有较好地理解当时之势，并依之行动，才能清除国家政治的弊病。正因为黄遵宪有这样较易变通的历史观，才使得他从明治十年（1877）的日本社会激烈变革中把握历史之大势，看清社会变动。

在《国统志》开头部分，黄遵宪把世界的国家政治形态分为三类：一人专制称为君主者；有庶人议政称为民主者；有上与下分任事权，称为君民共主者。他着重指出日本是“以二千五百余岁君主之国，自今以往，或变而为共主，或竟变为民主，时会所迫，莫知其然”[1]。实际上，在《国统志》结尾，黄遵宪已能把握日本国家政治的发展方向，他分析当时日本的社会舆论，并将其归纳为保守与革新两个派别。“为守旧之说者曰：以国家二千余载、一姓相承之统绪，苟创为共和，不知将置主上于何地。此一说也。为调停之说者曰：天生民而立之君，使司牧之，非为一人；苟专为一人，有兴必有废，有得必有失。正唯分其权于举国之臣民，君上垂拱仰成，乃可为万世不坠之业。此又一说也。”[2]

综合分析黄遵宪在《国统志》中的观点，结合他在上述文中所提到的保守与革新的两种意见，便可知他本人赞成革新。他在《国统志》中一直主张随着时势的发展变化，完成变革是符合社会发展需要的。黄遵宪作为清末的诗人，他在来日之前已感到清末停滞不前的社会存在着各种问题。他来到日本，亲身经历明治维新变革，并努力地去体会、理解

1　黄遵宪著，李绍平校点：《日本国志》，岳麓书社2016年版，第64页。

2　黄遵宪著，李绍平校点：《日本国志》，岳麓书社2016年版，第145页。

日本人的想法。最终，黄遵宪成为清朝日本研究的领军人物，能够理解日本的明治维新，并预测日本社会的发展趋势。[1]

三

"交邻之有大益"

黄遵宪在《邻交志》中这样写道："则其内国之盛衰，亦与外交相维系云。"[2]他十分认真地观察了明治十年（1877）日本政府应对国民自由民权运动及要求开设国会运动时，在外交上作出的努力。

作为清朝首批驻日外交官之一，黄遵宪关于外交的知识还很匮乏。对他来说，外交有两个必须解决的问题，即为什么要进行外交，外交能否为国家带来利益。

关于第一个问题，黄遵宪在当时来日本时就已有一定程度的认识，而这种认识自研究日本以来日益深化。他在《地理志》中指出，在闭关锁国的德川时代欧洲诸国"轮船、电线，争骛纷起，机巧夺天工，人智欺鬼神。凡西人兵威、宗教，几几乎弥纶地球，而无所不至"[3]。在这样的新时代下，守护了日本两千余年和平历史、被视为天然屏障的大海，其作用已发生变化。黄遵宪认为，一个国家与世界的联系必须随着时代的变化而变化。他的这种想法与江户后期的政治家林子平的思想有

---

1 在黄遵宪离开日本的第八个年头，1890年11月29日，日本终于召开了第一次帝国议会。当时黄遵宪任职伦敦公使馆。12月24日，听到这一新闻的他即刻给日本友人宫岛诚一郎发去祝贺信（这封信收录在国会图书馆政宪资料室《宫岛诚一郎文书》中）。

2 黄遵宪著，李绍平校点：《日本国志》，岳麓书社2016年版，第148页。

3 黄遵宪著，李绍平校点：《日本国志》，岳麓书社2016年版，第305页。

关。黄遵宪在《地理志》中这样写道：“以日本四面濒海，古称天险，二千余载，绝无外患。而自轮船、铁路纵横于世，极五大洲之地，若不过弹丸黑子之大，各国恃其船炮，又可以无所不达。昔林子平有言：‘日本桥头之水，直与英之伦敦、法之巴里相接。古所恃以为藩篱者，今则出入若庭户矣。言念及此，地险足恃乎？’”[1]

林子平在江户时期撰写的《海国兵谈》《三国通览图说》中主张海防论，呼吁日本当务之急是做好海防政策。他在《海国兵谈》中说：从江户的日本桥至唐及荷兰，均是水路。五大陆的英雄豪杰们企图征服他国，统一世界。尤其是欧洲各信奉基督教的国家，更有此雄心。

黄遵宪对于世界发展之势的认识，似乎也受到了林子平的影响。他随着自身世界知识的增加以及对新局势理解的不断加深，对外交必然性的认识也逐步深化。

黄遵宪认为必须解决的另一个问题是外交对国家是否有益。对黄遵宪来说，这个问题在撰写《邻交志》之前已经有了答案。但在《邻交志》中，他再次确认了该问题的答案，呼吁国内那些依然抵制开放国门的保守派要认识到外交的有益之处。他在《邻交志》中，就欧洲为什么变得强大这一点，引用西方人的观点展开自己的论述：“余闻之西人，欧洲之兴也，正以诸国鼎峙，各不相让。艺术以相摩而善，武备以相竞而强，物产以有无相通，得以尽地利而夺人巧。自法国十字军起，合纵连横，邻交日盛，而国势日强。比之罗马一统时，其进步不可以道里计云。其意盖谓，交邻之有大益也。”[2]

黄遵宪赞成西方人的主张，他使用中国、日本的例子进一步证实“交邻之大有益”。他认为中国的战国时期是中国历史上对立抗争最激烈

1　黄遵宪著，李绍平校点：《日本国志》，岳麓书社2016年版，第305页。

2　黄遵宪著，李绍平校点：《日本国志》，岳麓书社2016年版，第147页。

的一个时期，也就是这个时期，凡事富于变通，且人才辈出，成为历代之首。因此，黄遵宪这样写道："一统贵守成，列国务进取。守成贵自保，进取务自强，此列国之所由盛乎！"[1]黄遵宪在以西方、中国为例证明邻交有益之后，把目光投向日本，进一步论证："然以余所闻，日本一岛国耳，自通使隋、唐，礼仪文物，居然大备，因有礼义君子之名。近世贤豪，志高意广，竞事外交，骎骎乎进开明之域，与诸大争衡。向使闭关谢绝，至今仍一洪荒草昧未开之国耳，则信乎交邻之果有大益也。"[2]

正如上所述，黄遵宪以西方、中国、日本等为例，主张打开国门、积极推进外交是对国家十分有益的事。他撰写《日本国志》时，清朝还有很多人没有认识到外交的必要性。像黄遵宪这样积极从事外交活动，主动担任外交官，并不被人们认为是上乘之选。但黄遵宪从日本积极的外交活动中看到其开始走向自强，并进一步认识到外交活动的必要性及有益性。

四
对平等外交的希望

日本政府苦于不平等条约，并努力修正它。黄遵宪驻日期间，亲眼看到日本政府的这种努力，并对日本被迫与欧美国家签订一连串不平等条约感到极其的愤怒。他在《邻交志》中想要借鉴日本的经验以促进清政府对不平等条约进行修正。

1　黄遵宪著，李绍平校点：《日本国志》，岳麓书社2016年版，第147页。
2　黄遵宪著，李绍平校点：《日本国志》，岳麓书社2016年版，第148页。

黄遵宪在《邻交志》中设有“外史氏曰”，以讨论日本、中国被迫与欧美国家签订一连串不平等条约带来的危害，并在此建议尽快修正治外法权，且提出具体的修正办法。

黄遵宪认为，欧美各国间在平等条约的基础上进行外交，而只有在亚洲，它们依仗治外法权横行霸道。

黄遵宪认识到，中国分别于1842年和1858年签订《南京条约》《天津条约》，这两个都是不平等条约。日本于1858年签订的《日美修好通商条约》也是不平等条约。这样的不平等会一直持续下去。关于这一点，他这样写道：“追戊午岁与日本定约，遂因而及我，载在盟府，至于今，而横恣之状，有不忍言者。当日本立约时，幕府官吏未谙外情，任其鼓弄。”[1]

清政府在第一次鸦片战争中签订了《南京条约》，继而又在第二次鸦片战争中签订了《天津条约》。这些条约，使清朝主权受到严重侵害，并造成了极其恶劣的影响。黄遵宪把清朝的这一连串不平等条约与日本幕府晚期被迫签订的条约联系在一起。关于在不平等条约上清政府和日本的关系，公使何如璋这样说道：“盖欧西之人知治外法权为天下极不均平之政，立约之始，犹未遽施之于我。及戊午结约，乃有此条。日本亦于是年定约，同受此患。”[2]

黄遵宪和公使何如璋都对在外国压力下被迫签订一连串不平等条约感到极大的不安和愤怒。在日期间，黄遵宪对日本政府为修正这些不平等条约所做的努力表达了敬意，同时他也看到了修正之路的艰难。作为遭受同样境遇的人，他理解日本人对不平等条约的愤怒，并感同身受。

上一节提到黄遵宪认识到“交邻有大益”，然而所谓外交带来的国

---

1 黄遵宪著，李绍平校点：《日本国志》，岳麓书社2016年版，第258页。

2 何如璋著，吴振清、吴裕贤编校：《何如璋集》，天津人民出版社2010年版，第114页。

家利益，说到底是在外交平等的立场上才能实现的。因此，就黄遵宪看来，不平等的外交条约只能妨碍正常外交关系的缔结。他呼吁天下所有国家，不论大小均应平等。

接着，黄遵宪举出具体事例以指出不平等的治外法权的危害。他说，如果由各国领事裁决外国人杀害中国人的事件，英国人的话会监禁三年，法国人则监禁一百天并处罚一百法郎，美国人则服刑八十天，俄罗斯人服刑一年，荷兰人监禁三十天。可如果是中国人杀害外国人，则不仅要被处以极刑，还要缴纳罚金。他又以商业为例做了说明：假如英国人和中国人同样开银行，在银行负巨债倒闭的情况下，英国人如果以书面形式向领事汇报，便可置身事外；但中国人遇此情况，则要入狱，且还会牵连家人。黄遵宪对此愤慨道："同罪异处，又何谓公平！"

黄遵宪认为这样的不公平不仅为中国人带来不便，同时对于其他国家也未必有利。由于这些不平等条约，外国人为所欲为，在这一点上对他们的确有便利之处。可随着这些不公平的增多，中国人的不满情绪也会高涨起来，他认为这对外国人也会不利。他作出如下警告："不公不平之事，积日愈多，则吾民之怨愤日深。通商以来三十余年，耦俱相依，猜嫌不泯，而士大夫、细民论外事，辄张目裂眦，若争欲剸刃于外人之腹而后快心者，虽由教士之横，烟毒之深，亦未始非治外法权有以招之也。此亦似非外国之利也。"[1]

治外法权使中国人对外国人产生不信任，黄遵宪对此感到忧虑。只要不信任，便无法进行正常的外交活动及贸易活动。他指出，不正常的关系不利于双方互利，同时他也在摸索着解决的办法。他认为，外国人已经习惯这种便利的条约，所以不能马上修正过来。另外，各个国家都有各自的风俗习惯，宗教信仰、政治也各不相同，所以让他们全都遵从

1　黄遵宪著，李绍平校点：《日本国志》，岳麓书社 2016 年版，第 259 页。

中国的习惯也是不可能的。黄遵宪提出以下解决方案："窃以为今日之势，不能强彼以就我，先当移我以就彼。举各国通行之律，译采其书，别设一词讼交涉之条。凡彼以是施，我以是报，我采彼法以治吾民，彼虽横恣，何容置喙？而行之一二年，彼必嚣然以为不便，然后与之共商……定一公例，彼此照办，或庶几其有成乎！若待吾国势既强，则仿泰西通行之例，援南京初立之约，悉使商民归地方官管辖，又不待言矣。"[1]

关于修正条约，黄遵宪主张模仿西方的法律寻求解决的切入点，这在很大程度上受到当时日本修正条约的做法的影响。黄遵宪在日期间，日本政府正致力于不平等条约的修正。许多研究证明，当时的外务卿井上馨主张：日本的全面开放，说到底就是全盘欧化，这才是进行条约修正的前提。明治十五年（1882）七月二十九日，由井上馨外务卿写给三条太政大臣的《条约改正予议会始末上申案》的附录《条约改正予议会事要领》一文中提到，在修正不平等条约之后，实施日本的法律时，特别需要保证以下事项：

一是既然日本已全面效仿（采用）西方的法律、法规并逐步形成了完善的法律制度，则应至少译为一种洋文并颁布实施。

二是在法律裁决上，日本政府应把一部分权利交给特别聘用的外国法官。[2]

以上日本政府在交涉修正条约时提出的方针，对黄遵宪"我采彼法以治吾民"的想法有着极大的影响。黄遵宪在《邻交志・泰西》中，详细地介绍了明治政府为修正条约所做的工作。在《邻交志》的结尾处，黄遵宪写道："十三年，再将条约改正稿分致各使，请转呈各政府委权于

1 黄遵宪著，李绍平校点：《日本国志》，岳麓书社2016年版，第259页。

2 日本外务省编：《日本外交文書》第十五卷，1951年版，第54页。

东京各使，以便协议。”[1]以此表示对日本条约修正事件的关心。与黄遵宪一起为《日本国志》搜集材料的公使何如璋也十分关心日本条约的修正。如前文所述，明治十三年（1880）七月朝鲜通信使金弘集来到东京。关于日本条约修正事宜，何如璋对金弘集这样介绍：“近日此间方拟与泰西各国议改条约，其议改之意，在管理寓商及通商税则各事，其稿极详细，亦极公平。大略系西洋各国通行之章程，若各国通商均照此行，固无所损也。”[2]

从何如璋的这段话中可以看出公使馆对于日本条约修正案的关心。黄遵宪也一样，在日本条约修正案的影响下，思考着修正本国不平等条约的交涉方法。

---

1 黄遵宪著，李绍平校点：《日本国志》，岳麓书社2016年版，第289页。

2 刘雨珍编校：《清代首届驻日公使馆员笔谈资料汇编》，天津人民出版社2010年版，第220页。

第十一章
经世济民之论

一
“我手写吾口”

盛唐诗人李白以诗句“问以经济策，茫如坠烟雾”来嘲笑儒家学者的无能。这是当时社会上对所谓读书人的一般看法。然而，黄遵宪绝不是这种茫然的儒家学者，他从小便轻视只知读书的儒家学者。青年时期的黄遵宪在诗中这样描写儒家学者：

俗儒好尊古，日日故纸研。
六经字所无，不敢入诗篇。
古人弃糟粕，见之口流涎。
沿习甘剽盗，妄造丛罪愆。[1]

黄遵宪认为伪学者们热衷于以古为尊，每日致力于钻研古文书。古典书籍中没有的文字，他们也不会用于自己的诗中，看到古人舍弃的糟

1　黄遵宪著，钱仲联笺注：《人境庐诗草笺注》，上海古籍出版社1981年版，第42页。

粕，垂涎三尺以为有所得益。他们拘泥于旧习，就算是剽窃也以“尊古”自居。这样盲目追求，也是一种罪过。

黄遵宪在诗中把“俗儒”描写成落后于时代的人并蔑视他们。他认为，若真正经世济民的儒家学者，必定在现实社会中通过第一手的调查研究，准确地把握时代发展潮流，亲手写下自己实际感受到的事情。他继而在诗中这样写道：

我手写吾口，
古岂能拘牵。[1]

我的手就是要写出我想说的话，不管古人如何，我是不会被束缚的。来到日本的黄遵宪如他诗中所写，用自己的眼睛去研究外部世界，并完成了古人所不能完成的了不起的研究。在他的研究中可以看到明确的目的，那便是他想要把自己看到的外部世界新的经世济民的方式介绍到自己的国家，为本国的自强做贡献。在本章中，我们将从《日本国志》中探究黄遵宪在日本形成的经世济民思想。

二
西方的官僚制度

黄遵宪认为日本明治维新时做的一件大事便是官职改革。明治维新后，因为采用西方的一些做法，所以衍生出很多新的领域，相应的也出现了新的官职。黄遵宪对这种维新之后新设的官职抱有很大的兴趣。他

1　黄遵宪著，钱仲联笺注：《人境庐诗草笺注》，上海古籍出版社1981年版，第42页。

认为通过对这些新设官职的研究能够抓住学习西方的切入口。

黄遵宪认为，无论什么时代，设置该时代所需官职对于社会的发展十分重要。关于官职，一部分人抱有怀疑的态度，他们认为《周礼》中记录的官职数量太多，社会无法维持这样的官僚制度。对此，黄遵宪在《日本国志・职官志》的开头部分叙述了自己的观点。在他看来，官职数量的多少并不是问题，问题在于这些官职是否虚设，是否对社会有用。关于这一点，黄遵宪以西方社会为例进行了论证："然以余观泰西各国，其设官之繁，赋敛之重，莫不如是。而其国号称平治者，盖举一国之财，治一国之事，仍散之一国之民，故上无壅财，国无废政，而民亦无游手。"[1]

如上所述，黄遵宪赞赏实用的西方官职制度，并举出效仿西方取得成功的日本的例子，他认为日本"设官初仿《唐六典》，维新之后，多仿泰西"[2]。他在《职官志》中这样写道："维新以来，设官分职，废置纷纭。……今专就明治十四年冬现有之官，分条胪举。其仿照西法、为旧制所无者，特加详焉。"[3]

黄遵宪想通过对日本的介绍，为本国提供自强之策略。他聚焦本国的现状叙述了自己的见解。来到日本，黄遵宪十分关注其发展产业的各种措施。关于发展产业，田村贞雄提到"发展产业，以主要负责机关的设置年份为基准分为三期"。对于第一期他这样叙述：

第一期以1870年（明治三年）闰十月的工部省设立为开始。戊辰战争期间，新政府接收了幕府各藩经营的矿山、工厂，并交由各官厅、地方厅经营，做为各官厅、地方厅的统合机关设立工部

1 黄遵宪著，李绍平校点：《日本国志》，岳麓书社2016年版，第454页。
2 黄遵宪著，李绍平校点：《日本国志》，岳麓书社2016年版，第455页。
3 黄遵宪著，李绍平校点：《日本国志》，岳麓书社2016年版，第495页。

省。而且，自维新以来，铁路的铺设、信号灯的设置等近代交通通信机关的引进也不断推进，这些工事均由工部省负责。总之，日本为实现“百工劝奖”“工学开明”，广范围内推广工业化。[1]

黄遵宪对“发展产业”第一期中作用巨大的工部省表示出了极大的关心，对工部省管辖下的矿山、铁路尤其感兴趣。他来日本就任的那段时间，中国国内有股强烈反对开发矿山、建设铁路的势力。李鸿章在同治十三年（1874）计划开发直隶磁州煤铁矿，可是由于交通问题及地方绅士们提出的“破坏风水”等原因，该计划遭到强烈反对而被中断。在铁路的建设问题上，以刘铭传、李鸿章为代表的主张建设派和以刘锡鸿、周德润为首的反对派之间，产生了激烈的争论。[2]黄遵宪借鉴日本的经验，在矿山开发、铁路建设问题上持赞成意见。

关于矿山，黄遵宪以“矿山之利，人尽知之”为前提，指出国内反

1 ［日］田村贞雄：《地租改正·殖产兴业》，［日］田中彰：《日本史》(6)，有斐阁1977年版，第147页。

2 周德润的反对理由是外国以谋利为主，中国以养民为重，所以铁路适用于外国却不适用于中国。陈旭麓认为：“在义与利的对立之中显示农业社会对工业社会的排斥。而朝野之议论更易为人接受的是因铁路而致‘山川之神不安，即旱潦之灾易召’。这种观念虽不可论证，却比能够论证的东西更合乎社会心理。”（陈旭麓：《近代中国社会的新陈代谢》，上海人民出版社1992年版，第123页）

沟口雄三分析了反对派刘锡鸿的留欧经验，将他“反利、民乐的仁义思想”的反对论与极力主张自然推进论的其他留欧经验者进行对比，沟口雄三认可了刘锡鸿的独特性，并认为他“在创造划时代理论方面有重大启示”（［日］沟口雄三：《方法としての中国》，东京大学出版会1989年版，第269—295页）。

周德润、刘锡鸿的反对论是在光绪六年（1880）提出的，因此可以推测黄遵宪在提出矿山铁路的开发推进论时已经读过这一反对论。黄遵宪与有留欧经历的人不同，他参照日本效仿西方进行矿山铁路开发的经验，发表了自己的推进论。这意味着黄遵宪的推进论是具有独特性的。本节将探究黄遵宪的推进论是什么以及是如何根据日本经验形成的等问题。

对派提出的“风水说”是荒唐无稽之谈，根本不用担心因开矿而破坏地脉。另外，对于反对派在“国体说”中提出的“开矿乃和民争利”这一论调，黄遵宪以日本为例，进行了如下反驳：“不知日本借区开坑之法，皆听民为之，官特为设法以保护，派员以经理，岁课其税十一二而已。小民难与图始，诚使官倡其利，召募豪商，纠集赀本，明示大信，与民共之，使人人知其利益，将荷臿者云趋，裹粮者鳞集。官经其始而享其成，不必官为开采也。”[1]

黄遵宪认为，以日本为例让国民看到利益，以民众自发之力开发矿山是一种有效的办法。继而他又反驳了国内反对派的另一观点“聚众易遣众难”。反对派中也有人认为，随着矿山的开发，民众聚集会引发叛乱。对于这一点，黄遵宪提出下面的反论：“况夫矿王则人众，矿衰则人少，矿绝则人散，有利则赴，无利则逝。此民之恒情，固无庸鳃鳃代为谋也。……吾闻饥寒而盗贼者矣，未闻富足而盗贼者也。”[2]

黄遵宪认为开发矿山是强国之路。他呼吁：“惟此造化自然之利，又有泰西开掘之方，使其利可不劳而获，操券而得，转移富强之机，不在此乎？”[3]黄遵宪研究日本工部省时，在关注工部省在矿山开发中所起作用的同时也注意到工部省的另一工作——建设铁路。关于铁路的建设，黄遵宪结合日本的经验明确提出了自己的见解：“西法之有利无弊，莫铁路若。”[4]黄遵宪具体分析了日本铁路的运营状况，同时对比中国，他指出了建设铁路的有利之处：“余尝考日本铁道建筑之费用与夫岁入之利息，而知中国铁路并可获大利。日本西京、大阪间之道，其造创之费，数倍于寻常，然综计今日之息，每百圆犹可得七圆有奇。若准以美国铁路之价，每中国一里需费不过万圆，以日本乘客之数、运物之

1、2　黄遵宪著，李绍平校点：《日本国志》，岳麓书社2016年版，第525页。

3　黄遵宪著，李绍平校点：《日本国志》，岳麓书社2016年版，第526页。

4　黄遵宪著，李绍平校点：《日本国志》，岳麓书社2016年版，第529页。

数、每岁支用之数计之，每百圆竟可获利三十余圆。而中国工役价值之贱，货物转输之多，又胜于日本，则其利更不可胜计。”[1]

如上所述，黄遵宪对中国所提的建议均是在具体地将日本和中国做比较的基础上想到的且有益于中国的。

三 富国之策

黄遵宪在《日本国志·食货志》中提出国家富裕不可忽视的六大问题，分别是户籍、租税、国计、国债、货币、商务。关于这些问题，黄遵宪参照日本、欧美等国家的经验，针对中国的现状提出了自己的富国之策。他通读中国历代史书，感到史书中关于这些方面的研究和记载极其简略，他说道：“至于一国之利害与外国相关系，如通商出入、金银滥出之事，则前古之所未有，尤历史之所不及。”[2]同时他还认为，西方在这些方面十分先进：“余观西人治国……其于理财之道，尤兢兢致意，极之至纤至悉，莫不有册籍，以征其实数。其权衡上下，囊括内外，以酌盈剂虚，莫不有法。”[3]

如上所述，黄遵宪关于富国的六大问题是在研究西方国家治国方法的基础上总结出来的。他指出：“六者兼得，则理财之道得，而国富矣；六者交失，则理财之道失，而国贫矣。”[4]他十分用心地研究日本在富国道路上如何导入西方的做法与结果，并想把日本的经验介绍到自己的国家。关于日本的经验，他这样叙述：“日本维新以来，尤注意于求

1　黄遵宪著，李绍平校点：《日本国志》，岳麓书社2016年版，第530页。

2、3　黄遵宪著，李绍平校点：《日本国志》，岳麓书社2016年版，第560页。

4　黄遵宪著，李绍平校点：《日本国志》，岳麓书社2016年版，第561页。

富，然闻其国用则岁出入不相抵，通商则输出入不相抵。而当路者竭蹶经营，力谋补救。其用心良苦，而法亦颇善。现于此者，可以知其得失之所在矣。”[1]

黄遵宪在经济上主要是通过日本研究西方，然后在日本验证西方的经验，并把握其得失。他针对中国提出的富国之策，便是通过这多方面的比较凝练出的结论。

人口的问题是黄遵宪在富国之策中尤为重视的问题之一。中国进入清末，人口的增长率之高史无前例。黄遵宪在《户籍志》中这样写道："道光以至今日，统满、蒙、汉、回乃有四亿二千余万之众。於戏，盛矣哉！开辟以来之所未有也。"[2]关于人口问题，他又提出以下观点：在古代，未开垦的土地较多，所以人口越多国家越繁盛。然而，现在情况不同。很多土地已被开发，因为人口的增加，物质生产已不能满足人们的需求。另外，由于人口增加，没有土地的人不断增多。如果没有一定的固定财产，国民便会变得奸诈，争斗之心加剧。这些都会造成社会的不安定。这也是基于孟子的"有恒产者有恒心，无恒产者无恒心"认识到的。

黄遵宪指出的土地问题，确实也是清末的一大社会问题。研究显示，清朝皇族独占了很多之前分散的土地。据对《大清会典》（嘉庆朝）中《内务府·会计司》相关记载的统计，嘉庆年间皇室贵族在北京周边霸占的土地达1700多处，共有35000多顷。除皇室之外，大贵族、大官僚们也凭借自己的权力霸占大量的土地，如道光年间的一名大学士就拥有250万余亩的土地。因为他们霸占这些土地，致使很多农民失去土地，或成为佃户或沦为游民。黄遵宪也熟知国家的这种状况。他

---

1 黄遵宪著，李绍平校点：《日本国志》，岳麓书社2016年版，第561页。

2 黄遵宪著，李绍平校点：《日本国志》，岳麓书社2016年版，第582页。

指出："天下之耕而食、织而衣者，百之一耳。天下之不士不农不工不商者，比比皆是。其黠者，夤缘官吏，鱼肉豪富，或抱其刀笔筐箧之技、医卜星相之术，糊口于四方。其愚者潦倒乞食，群聚赌博，或结党为盗，甘触刑网而不顾。"[1]

为解决因丧失土地而引起的社会问题，有不少人提出应实行"均田"，即平均分配土地。黄遵宪从自身的经验出发认为："均田画井以授民，三代下既万不可行，逮今为尤甚。"[2]他最不愿看到民众暴力导致发生"均田"这种破坏既有社会秩序的事情发生。他认为"终累吾民非敌国""赤子虽饥莫弄兵"。[3]

黄遵宪认为可行的方法是向未开垦地区移民，奖励土地开垦，振兴商业、工业。在这一点上，他受到了日本的影响。他在《食货志》中这样写道："彼欧罗巴全州之境不及我国，而其民善于工商，无所不至。又得阿美利驾，又得澳大利亚，皆穷古不毛之地，移民垦辟，卒兴大利。"[4]

他指出，出色的领导者能把握时代潮流，不断引导人民开拓未知领域。他接着写道："惟欧罗巴人知之，故悉驱游民，使治旷土。惟日本人今亦知之，故力辟虾夷，广兴农桑。"[5]

黄遵宪特别关心日本北海道的开发。明治十四年（1881），黄遵宪的朋友冈千仞游历北海道，撰写了《北游诗草》。黄遵宪给这部诗集写了序文，序文中黄遵宪写道："盖北海一道，为日国北疆，实为豺虎所垂涎。"在与冈千仞饯别时，黄遵宪送给冈千仞一首饱含内心期待的

1、2　黄遵宪著，李绍平校点：《日本国志》，岳麓书社2016年版，第582页。

3　黄遵宪的这一思想深受青年时期所经历的太平天国运动影响。在他18岁时，太平天国军队进入他的故乡，他的家族深受战乱影响。

4　黄遵宪著，李绍平校点：《日本国志》，岳麓书社2016年版，第583页。

5　黄遵宪著，李绍平校点：《日本国志》，岳麓书社2016年版，第583页。

诗，其中写道："归来倘献富强策。"冈千仞游历归来时，将北游的诗稿带给了黄遵宪并向政府提议开发北海道。黄遵宪读了冈千仞的《北游诗草》后欣喜若狂，他写道："其诗雄健磊落。写物状，纪风土，无一徒作者，使读者如身游其地，目击其状。"而且，更让黄遵宪感叹的是，冈千仞提出的北海道开发案受到了明治政府的高度关注。因此，黄遵宪难以抑制住心中的感叹，写道："夫儒生迂阔寡效，为世所诟病也久矣，独日国屡收其效。……一韦布之士，乃有以倡其议而奏其功。今读君诗，尤足以感发。"[1]

黄遵宪在《日本国志·户籍志》中也提到，作为忧国忧民的儒家学者，他和冈千仞一样为祖国的富强献计献策，并努力促进国家的觉醒。

在富国之策上，除了上述奖励开拓的政策之外，黄遵宪还特别强调了国家的财政问题。他强调税收的重要性和理财的透明化。关于税收的重要性，他以欧洲为例写道："世人徒见英俄法美船炮之多、金帛之富，而不知其岁入租税至七千万镑之多。假使中国岁入得有此数，比今日常税骤增五六倍，即铁甲轮路一切富强之具，咄嗟而办，亦复何难。"[2]

黄遵宪认为中国国家收入不足是因为税收太轻。他在《食货志·租税》中写到国家运转需要国民的公德心、爱国心。他认为，中国是礼教之国，国民具有公德心和爱国心，且人口多达4亿人，像这样的国家，富强是理所当然的，然而出现目前财政困难的问题，主要是因为税收过轻和人们没有自觉纳税的行为习惯。黄遵宪介绍了日本的税收情况，并和中国作了比较："日本一岛国耳，国家岁入之款至五六千万圆，府县之费又数百万。供之国者，征敛之重，不待言。供之府县者，

1 郑海麟、张伟雄：《黄遵宪文集》，中文出版社1991年版，第121页。
2 黄遵宪著，钟叔河辑校：《日本杂事诗广注》，湖南人民出版社1981年版，第77页。

乃下至一饮一食之细，一技一艺之末，莫不有之……设以吾民当此，必疾首蹙额以相告；为士大夫者，又或微言刺讥，咏歌而嗟叹，以为苛政之猛于虎矣。”[1]

在日本，黄遵宪看到，不论是日本的国民还是西方的国民，他们对税收都极为配合。虽然日本维新政策中有一些过激的内容，部分政策也遭到国民的反对，士大夫中也有人讨厌、谴责新政，但黄遵宪也看到“独未尝以此责执政也”。关于西方人，他这样说道：“及询之欧罗巴人，亦终无一人怨其国之横征暴敛，愀然悲叹者也。”[2]他呼吁“仿效西法择要而行之”，希望本国像日本或欧洲那样，确立税收制度，在税收上得到国民的支持。可是，黄遵宪也认识到，中国要像日本或西方那样确立国家财政制度必须解决几个问题。

他认为其中一个便是中国要像欧洲或日本那样制定明确的预算、决算制度，清楚地让国民知道国家财政状况。由此，让国民知道税金都用于国民自身，这样他们才能积极地配合政府。关于这一点，黄遵宪这样写道：“余考泰西理财之法，豫计一岁之入，某物课税若干，某事课税若干，一一普告于众，名曰豫算。及其支用已毕，又计一岁之出，某项费若干，某款费若干，亦一一普告于众，名曰决算。……取之于民，布之于民，既公且明，上下孚信。”[3]

像这样，西方国家通过明确的预算决算制度，一方面既可确保恰当的税收，同时也能得到国民的理解。黄遵宪对于这一点给予了很高的评价。但他也认为，与此相比，当时清朝的财政入不敷出，因此出现了各种问题。由于地方收入较少，地方官府财政紧张，在正常赋税之外又以各种名目征税，更有甚者会把这部分税收中饱私囊。黄遵宪指出，在这

1、2　黄遵宪著，李绍平校点：《日本国志》，岳麓书社2016年版，第617页。

3　黄遵宪著，李绍平校点：《日本国志》，岳麓书社2016年版，第652页。

种状态下，“朝廷一无所利，而小民实受其害”[1]。对此，他提出“余窃以为，不如清查耗羡，核减陋规，明取之之为愈也”[2]，以此强调财政公开的优点。他以日本为例，对西方理财法的合理性做了如下论述：“日本近仿泰西治国之法，每岁出入，书之于表，普示于民，盖犹有古之遗法焉。譬若一乡之中迎神报赛，敛钱为会，司事者事毕而揭之，曰某物费几何，某事费几何，乡之人咸拱手奉予钱，且感其贤劳矣。此理财之法之最善者也。”[3]

为确立健全的国家财政制度，还必须解决的一个问题便是利义观的问题。因为受儒家思想影响，中国的很多士大夫认为追求利益是可耻的。有一部分人想利用他们的这种利义观隐藏不正当的财政收支。针对这个现象，黄遵宪进行了严厉的指责：“财也者，兆民之所同欲、政事之所必需者也。竭天下以奉一人，固万万其不可，诚能以民之财治民之事，以大公之心行一切之政，则上下交利而用无不足。秉国钧者，其何可讳而不言？”[4]

在此，黄遵宪不再认为追求利益是欠妥的，他主张注重实际利益。这个主张，也是黄遵宪对保守的清朝士大夫及口口声声扬言不能追求利益，而实际上利用儒家的利义观背地里中饱私囊的人的一种批判。

1、2　黄遵宪著，李绍平校点：《日本国志》，岳麓书社2016年版，第653页。

3　黄遵宪著，李绍平校点：《日本国志》，岳麓书社2016年版，第654页。

4　黄遵宪著，李绍平校点：《日本国志》，岳麓书社2016年版，第652页。

第十二章
学术文化观

一
西学之流弊

黄遵宪一代人所处的时代正是西学东渐的时代。为应对西方文化的冲击，黄遵宪和同时代的很多知识分子一样，研究西方文化，并从中吸收养分和经验。通过研究，他把西方文化分为对中国富强有积极意义的文化和不适合中国传统文化氛围的文化。在《日本国志·学术志》中他阐述了对西方社会特征的认识："彼谓等天下而同之，撒遂万物而利之。天下之人，喜人人得自伸其权、自谋其利，故便其说之行而乐趋之。交相爱则交相利，苟利于众则同力合作，故事易举。无所甚亲于父兄，无所甚厚于子孙，故推其爱于一国。而君臣上下无甚差别，相维相系，而民气易固。"[1]

黄遵宪以儒家教养来考察这些特征，他指出了其中的弊害："然吾以为其流弊不可胜言也。推尚同之说，则谓君民同权、父子同权矣。推兼爱之说，则谓父母兄弟，同于路人矣。天下之不能无尊卑、无亲疏、

1 黄遵宪著，李绍平校点：《日本国志》，岳麓书社2016年版，第1065页。

无上下，天理之当然，人情之极则也。圣人者知其然，而序以别之，所以已乱也。”[1]

黄遵宪认为这些西学的弊害，在西方经济上升期还未显现出来，一旦经济不振，定会发生较大混乱。关于这一点，他这样写道：“彼以无统一、无差等之民，各出其争权贪利之心，佐以斗狠好武之习，纷然其竞起，天下不畏，法之不修，义之不讲，卒之尚同而不能强同，兼爱而无所用爱，必推而至于极分裂、极残暴而后已。执尚同、兼爱以责人，必有欲行均贫富、均贵贱、均劳逸之说者。”[2]

黄遵宪对西方学问抱有这样的警戒心，是因为当时儒家的教养已渗透至以儒家思想为立身处世之根本的士人们的思想和价值观中。黄遵宪也不例外，他的思想也深受儒家教养的影响，他在考虑西方的学术思想时，会以本国儒家和墨家的思考方式为出发点。如前文提到的，黄遵宪把西方的思想当作墨家思想来思考。他认为这样的墨家思想对提高生产力有益，但不能保持社会的长治久安。

黄遵宪认为西方的博爱思想就是墨家的“兼爱”思想。墨子认为社会之所以混乱，是因为人类是利己的，互相之间并不相亲相爱。他主张“兼爱”之说。另外，他还提倡“交相利”之说，即爱他人便会给他人带来“利”，如此他人也会给自己带来“利”，这便可实现相互的利益。然而，这与儒家思想相左。孔子的核心思想之一便是“仁”。孔子所说的“仁”基本含义之一是“孝悌”，“孝悌也者，其为人之本”。他认为“仁”的实行应该是对自己亲近之人，如父兄的“孝悌”行为，然后再向周边延伸。此外，孟子提倡人类应该遵守五个“道”，即“五伦”，也就是“父子有亲，君臣有义，夫妇有别，长幼有序，朋友有信”。孟子认为人类正是有了这样的“道”，才有别于禽兽。儒家谴责墨家的学说无视

1、2　黄遵宪著，李绍平校点：《日本国志》，岳麓书社2016年版，第1066页。

君主及父亲的存在。

黄遵宪在思考西方思想时，把以上这样的儒家伦理思想作为思想的根本。他认为，“兼相爱”“交相利”的思想必定会带来巨大的社会混乱。因此，他在给日本汉学家青山延寿的著作《皇朝金鉴》作序时这样写道：“余窃以为天下者，万国之所积而成者也。凡托居地球，无论何国，其政教风俗，皆有善有不善。吾取法于人，有可得而变革者，有不可得而变革者。……其不可得而变革者，君臣也，父子也，夫妇也，凡关于伦常纲纪者皆是也。”[1]

如此，黄遵宪认为在伦理方面，说到底还是应该遵从本国固有的、历经数千年形成的儒家的伦理观。

黄遵宪这样想还有一个原因，即他目睹了一部分西方人在东方的恶行。在对西方认识的问题上，鸦片战争和香港主权的割让这两大事件给黄遵宪带来了很大影响。

西方人以鸦片毒害中国人和以近代化武力为手段强占中国领土，这给黄遵宪留下了很深的印象。他在诗词《香港感怀》中这样写道：

岂欲珠崖弃，其如城下盟。
帆樯通万国，壁垒逼三城。
虎穴人雄据，鸿沟界未明。
传闻哀痛诏，犹洒泪纵横。[2]

为什么像汉元帝舍弃珠崖那样割让香港？这是被敌人攻占之后结下的城下之盟。香港贸易的船只行于万国之间，其本身也临近广州三城。

1　郑海麟、张伟雄：《黄遵宪文集》，中文出版社1991年版，第113页。
2　黄遵宪著，钱仲联笺注：《人境庐诗草笺注》，上海古籍出版社1981年版，第65页。

这么重要的要塞被英国人占领，就如楚汉之争时的鸿沟界，围绕割地边界线纷争不断。据说，在道光帝遗诏中，写有关于领土割让令人痛心不已、饱含悲切之泪的言语。

黄遵宪对于这种在帝国主义列强的威压下缔结的城下之盟十分反感。在列强的强权外交下，黄遵宪看不到一点所谓“兼爱”的爱人之心。他眼里看到的全是列强凭借武力，迫使弱小的国家签订一连串不平等条约，扩大自己的利益、满足自己的贪欲的样子。因此，如前所述，黄遵宪对于列强对中国和日本的傲慢外交感到极大的愤怒。在前文所提的《邻交志》中，黄遵宪指出中国国内从士大夫到一般百姓，只要谈到外交，无不“若争欲剿刃于外人之腹而后快心者”。究其原因，主要是有太多的不公平，尤其是传教士的问题、鸦片的问题、治法外权的问题等。

像这样，黄遵宪以深受儒家思想影响的价值观考察了西方的文化，并在对西方人在亚洲一连串不正当行为分析的基础上，确立了自己认为西方文化有其弊害，未必全部适用于中国的想法。

二 对传统文化的尊重

黄遵宪认为西学中实用科学部分，如经济、政治的运营方式等有很多值得学习的地方，但是在统一民心上，只有依靠中国由来已久的儒家思想。可是，黄遵宪来到日本时，正值日本汉学的大转换期。他在《日本杂事诗》中这样描写当时日本汉学所处的状况：

五经高阁竟如删，太学诸生守兔园。

独有穷儒衣逢掖，著书扫叶老名山。[1]

他们把儒家经典的“四书五经”束之高阁。国家最高学府的学生认为做学问没有什么价值，他们像梁孝王兔园的看门人一样，无所事事。还有一些穷困潦倒的儒家学者，穿着儒家服饰，归隐山林，写写书，扫扫落叶。

对于当时日本汉学的衰退，黄遵宪感到非常忧虑。日本进入明治时代，有人认为汉学多是空洞的学问，没有实用性。在这种背景下，出现了欲废止汉学的现象。关于这一点，黄遵宪指出出现这种现象的责任在于汉学者自身。他认为，汉学中既有实用的东西，也不乏空论。而日本的汉学者所学习到的汉学全是空洞的，很多属于儒学中的不入流的东西，是无用的汉学。在《日本国志》中，这样描写了日本汉学的状况：“自唐以来，唯习诗文；自明以来，兼及语录。夫辞章之末艺，心性之空谈，皆儒者末流之失，其去道本不可以道里计，而日本之学者，乃唯此是求。”[2]

黄遵宪指出，像他们这样吸收无用的学问，并一味地进行空论，这便是汉学被如今维新的有学之士轻视，并几乎被废止的原因。“有识之士固既心焉鄙之。一旦有事，终不能驱此辈清流，使之诵经以避贼，执笔以却敌。复见夫西人之枪炮如此，轮船如此，闻其国富强又如此，则益以汉学者流为支离无足用，于是有废之之心。其几废也，夫亦彼习汉学者有以招之也。”[3]

黄遵宪清晰地认识到，对这个世界无用的空洞的学问就应该废止。

---

1 黄遵宪著，钟叔河辑校：《日本杂事诗广注》，湖南人民出版社1981年版，第102页。

2 黄遵宪著，李绍平校点：《日本国志》，岳麓书社2016年版，第1085页。

3 黄遵宪著，李绍平校点：《日本国志》，岳麓书社2016年版，第1086页。

然而，应该废止的说到底都是汉学中的不入流的东西，日本的汉学者并没有学习到属于汉学主流的“先王治世之本，圣人修身之要”。这些儒学现在依然发挥着巨大的作用。黄遵宪特别强调汉学，尤其是儒学在治世、修身上的有用性。他认为，西方的伦理道德不符合中国的风土民情。在修身上，他认为说到底必须以自古以来的儒家思想来教育国民。为了强调这一点，黄遵宪这样描写汉学在明治维新时发挥的作用：“而日本学者，正赖习辞章、讲心性之故，耳濡目染，得知大义。尊王攘夷之论起，天下之士一倡百和，卒以成明治中兴之功。”[1]

如上所述，黄遵宪在评价西方文化优点的同时也在反省着本国的文化。他重视实用，肯定儒教中修身养性的重要性，同时还强调维持中国在漫长的历史中培育出的与西方不同的伦理道德观的重要性。

黄遵宪来到日本之后，在以上想法的基础上，热心吸收西方文化，研究走近代化道路的日本，同时还十分关心日本的传统文化，并对其传统文化进行了反复的研究。他在《日本国志》中写了四卷《礼俗志》，把日本的传统文化分为朝会、祭祀、婚娶、丧葬、服饰、饮食、居处、岁时、乐舞、游燕、神道、佛教、氏族、社会这十四类进行研究。

刚来日本时，黄遵宪认为自己的工作主要是负责“采风问俗”。他认为要正确理解一个国家，必须研究这个国家的历史、文化。实际上他也是通过对日本传统文化的研究加深对日本的理解的。

黄遵宪在研究传统文化时一直注意尊重各个民族特有的文化。他认为因为时代、环境的不同，各民族的风俗不同是理所当然的事。

基于这种认识，黄遵宪认为所有的民族都有适合自己风土的风俗习惯，也有形成该风俗的必然性，外人对他们风俗不能妄加评论。基于这种认识，他这样写道：“骤而观人之国，见其习俗风气，为耳目所未

1　黄遵宪著，李绍平校点：《日本国志》，岳麓书社2016年版，第1086页。

经，则惊骇叹咤，或归而告诸友朋，以为笑谑。人之观吾国也亦然。彼此易观，则彼此相笑，而问其是非美恶，各袒己国。虽聚天下万国之圣贤于一堂，恐亦不能断斯狱矣。”[1]

在此，黄遵宪主张的是各个国家或民族都有其独特的、优良的传统，他人不能轻易判断它的好坏。与其轻易地评价它的好坏，不如尊重各个文化，发现彼此的精髓并理解对方，这才是最重要的。黄遵宪就是在这种认识下开始他对日本传统文化的研究的。以下是黄遵宪研究日本传统文化的几个事例。

为写《日本国志》的《礼俗志》，黄遵宪事前先在《日本杂事诗》中对于自己要写的各部分以诗或注释的形式写了下来。在《祭祀》一章，关于“新尝祭”他先在《日本杂事诗》中写了下面的这首诗，并作了详细的注解。

沐猴跳舞排猿女，吠犬喧声闹隼人。
执盖膝行铃手引，一人独拜九天神。

日本最重祭礼，每岁于十一月举行“新尝祭”。祭日，门部纠察出入。隼人司分立朝集堂前，开门，乃发犬吠声入宫。大臣率中臣、忌部、御巫、猿女左右前行。主殿官二人执烛，一人执菅盖，二人执盖网，均膝行。掌典引铃前导。帝亲奏祭告文，臣下不得窥视。今其仪少杀，然典礼犹甚重也。详《礼俗志》中。[2]

黄遵宪在《日本国志》的《礼俗志》中，详细记载了包括新尝祭在

---

1 黄遵宪著，李绍平校点：《日本国志》，岳麓书社2016年版，第1120页。

2 黄遵宪著，钟叔河辑校：《日本杂事诗广注》，湖南人民出版社1981年版，第134—135页。

内的新年祭、元始祭、祈年祭、皇灵祭等日本的传统礼俗。关于这些祭祀活动的知识，黄遵宪说自己是从宫内书记那里询问得知的。在《祭祀》这一章的结尾部分，关于日本重视祭祀这件事他这样写道："余考日本开国以来，国之大事，莫大于祀。有大祀，有中祀，有小祀，有四时祭，有临时祭。"[1]

黄遵宪认为重视祭祀活动对于治国安民是十分重要的。因此，他对一部分崇拜西方文化、舍弃本国传统文化的人提出了这样的看法："逮乎近日，则诸教盛行，各宗其说。如耶稣教视一切神明皆若诞妄，则有以古人之祭典为鄙陋、为愚昧者。民智益开，慢神愈甚。虽然，以古先哲王之仁之智，而以禘尝治国，以神道设教，自有精义。盖其时人文草昧，所以化民成俗，不得不出于此。上以恪恭严肃事神，下以清静纯穆报上，固有非后世之所能及者矣。嗟夫!"[2]

黄遵宪认为各民族的传统文化是根植于各民族风土中的，重视传统文化对安定民心有着重要的作用。他对日本的传统文化给予了高度评价。来到日本的第二年，他与友人青山延寿谈到日本文化时曾这样说道："日本立国二千余年，风俗温良，政教纯美，嘉言懿行，不绝书于史。吾以为执万国之史以相比较，未必其遂逊于人。则以日本之史，教日本之人，俾古来固有之良，不堕于地，于世不无裨益，则亦何事他求哉?"[3]

黄遵宪这样高度评价日本文化，也是想要阻止当时向西方文化一边倒的风潮。像这样，因为关注日本文化，所以他观察日本风俗习惯的眼光是敏锐的。在《礼俗志》中，他以敏锐的观察和对传统文化的热爱，记下了很多日本传统文化中的美好的事物。

---

1 黄遵宪著，李绍平校点：《日本国志》，岳麓书社2016年版，第1143页。

2 黄遵宪著，李绍平校点：《日本国志》，岳麓书社2016年版，第1145页。

3 郑海麟、张伟雄编校：《黄遵宪文集》，中文出版社1991年版，第113页。

在《乐舞·相扑》中，黄遵宪这样写道："每日黎明击鼓上场，观者皆蓐食而往。力士分朋，互相比较，类长身大腹，筋骨如铁，中分土豚，各据一半，蹲而蓄气。少时神定，一喝而起，铁臂石拳，手手相抟，卖虚弄巧，钻隙取胜，盖斗智斗力斗术兼而有之。"[1]

在《饮食·鱼脍》中，他这样写道："喜食脍，尤善作脍。以生鱼聂而切之，以初出水泼刺者，去其皮剑，洗其血腥，细刽之为片。红肌白理，轻可吹起，薄如蝉翼，两两相比，姜芥之外，具染而已，入口冰融，至甘旨矣。"[2]

如此，黄遵宪乐于观察日本的风俗习惯，并站在文化的角度给予了好评。他始终主张应该爱护传统文化。正如海外"三神山"一样，原本样子模糊、不被识得真面目的日本，经过黄遵宪的缜密研究及精彩的描写，让中国人看到了它真正的样子。黄遵宪的日本研究文章，成了中国人理解日本的必读之作。

三

《千秋鉴》借《吾妻镜》

1887年夏天的某个夜晚，在大清帝国南方的一个小镇里，四十岁的黄遵宪写完了花费他九年心血的《日本国志》的最后一页，最终完成这部巨著。感慨之泪夺眶而出，灯火中，他翻阅原稿，思绪万千，写下了《日本国志书成志感》这首诗，诗中写道：

1　黄遵宪著，李绍平校点：《日本国志》，岳麓书社2016年版，第1204页。
2　黄遵宪著，李绍平校点：《日本国志》，岳麓书社2016年版，第1172页。

湖海归来气未除，忧天热血几时摅。

千秋鉴借吾妻镜，四壁图悬人境庐。[1]

黄遵宪虽在日本、美国生活八年，回国已有两年，但他的忧国忧民之心分毫未减。他心中始终担心祖国的命运，欲罢不能。唐玄宗皇帝诞辰之日，宰相张九龄曾把写有历代帝王兴亡史和天子应有所作为的一本训诫之书《千秋金鉴录》献给皇帝。黄遵宪也想效仿张九龄这一行为，把《日本国志》献给皇帝，并借用日本史书《吾妻镜》，将日本明治维新的经验上奏给皇帝。黄遵宪看着人境庐四壁上悬挂着的日本图鉴，眼前浮现出了在海外生活的种种，不禁担心起国内不断骚动的严峻情势。

从黄遵宪的诗中，我们可以清楚地认识到他创作《日本国志》的意图。不为别的，他是想介绍日本明治维新的经验，并以此作为中国改革的范本。这本书对清末的维新运动有着很大的影响。光绪皇帝也受到了这本书的影响，他想把明治维新作为本国改革的参考，多次要求臣子购买此书。[2]黄遵宪的友人袁昶曾任职于清朝总理衙门，通晓外务，他认为“此书早流布，直可省岁币”[3]。这句话的意思是说，如果这本书再早一些出现在市面上的话，中国国内便会涌现出更多真正了解日本的人，在中日战争爆发时，也不会发生主张和日本开战，战败后赔偿两亿两白银的结果。

黄遵宪不满足于一国文化，不断向外面的世界寻求养分。他出使日

1　黄遵宪：《人境庐诗草》，文化学社1930年版，第127页。

2　曾担任光绪帝帝师的翁同龢在光绪二十四年（1898）正月二十三日的日记中写道：“上向臣索黄遵宪《日本国志》，臣对未洽，颇致诘难。”（翁同龢撰，翁万戈编，翁以均校订：《翁同龢日记》，中西书局2012年版，第3142页）

3　黄遵宪著，钱仲联笺注：《人境庐诗草笺注》，上海古籍出版社1981年版，第1000页。

本，得到了接触外国丰富文化的机会。他所做的日本研究在今天仍被视为“千秋鉴”，具有深远的意义。

后　记

本书以中国首任驻日公使团为中心，聚焦文人外交官的特点，考察了他们在日期间对异国社会文化的理解，以及他们因此而生成的外交论和经国济民观。对于公使团的中心人物何如璋、黄遵宪来说，离开近乎锁国的祖国，理解异国的社会文化，需要付出巨大的努力，衡量事物的尺度、价值观都要重新确立。然而，他们有着较好的教养、敏锐的感受力，既富有为国为民的使命感，也有文人的好奇心，饶有兴致地跨越异国文化这道鸿沟，为祖国寻觅改革图强、经世济民的理论和方法。

在日期间，他们近距离地观察到同受西方冲击的日本，其采取的应对手法却与清朝大相径庭，其内政外交方针发生了巨大变化，公使团成员们用传统的价值观与道德观已无法与日方沟通了。他们必须不断地研究日本，为清政府出谋献策。他们的努力成果以外交文书、笔谈记录、诗文集、专著等方式呈现在我们眼前，为后人反思那个时代留下了丰富的素材。创作本书的目的之一，就是与读者们共享那个时代的历史记忆。

在日期间，公使团成员们有两重任务：弄清楚日本接受的西方文化是什么，弄清楚日本文化又是什么。他们在理解日本文化时具备有利的条件。在漫长的中日文化交流历史中，日本汲取了大量的中国文化，当时在日本有被称为“汉学”的儒家思想，其文章规范都是中日两国文化人的共通教养。正因为有了这个共通的文化教养，他们交流的内容和手段以及思想都有很多共同项。

在文化冲突的外交第一线，公使何如璋认为在错综复杂的环境中，首先要把握好利义观的问题。在他的利义观中，最基本的价值判断标准是孔子所说的“君子喻于义，小人喻于利”的儒家思想。因此，他认为即使在国家利益碰撞的时候，也不能忘却仁义、唯利是图。一味追求狭隘的国家利益，国际社会必定会产生混乱。可是他的这种价值观，已无法说服已经西化的日本。面对“强权即公理”的日本外交，他举步维艰、处处碰壁。何如璋的处境正印证了“弱国无外交”这一警言。

面对咄咄逼人的日本外交官员，何如璋的思想有了转变，他认识到要想在外交上与实力强大的西方国家抗衡，必须实现以国家利益为中心的外交活动，追求利益则是自强的手段。日本跟随着西方，步步为营，向清朝逼近，原有的国际秩序被打破。他认识到要学习外部世界，以促进自强。何如璋等人在奋力摸索一条既能保持传统又能革新的路子。

公使馆中的另一位重要人物是参赞黄遵宪。他在积极研究和介绍日本学习西方改革创新有效性的同时，把西方的文化相对化，从正反两个方面确立了他的观点。他认为要促成改革，重要的是社会的安定和民心的平和，而要实现这一点，就要尊重在漫长的历史长河中孕育出来的传统文化，使传统文化作为共同遵守的道德规范和行为准则，才是安邦治国的有效方法。只有在继承传统文化的基础上，才有可能更好地学习外部世界。他借助日本的例子来阐述他的观点，用了很多笔墨赞美日本的文化以及明治维新的改革运动。他赞美日本是为促进国人改革，他甚至不惜美化在日本的所见所闻，增加解释日本文化以及明治维新的有效性，以此来构建理想中的“桃花源”。

本书的主人公们淡泊而明志，驻日期间孜孜不倦地从事外事交涉和文化研究，尽管当时腐败的清政府回天乏力，但他们的努力警醒了后人。历史证明，他们当时所表现出的很多扎根于中国传统文化的理论和方法，具有极其深远的意义，可供当今建立多元文化国际秩序借鉴。国际上很多学者都通过研究他们留下的“启示录”，反思历史，呼吁人们以史为鉴。

本书得以面世，首先要感谢丛书主编王勇教授付出的辛勤劳动，为本书搭建了良好的创作、出版平台。其次要特别感谢佟若瑶、李桂华、高照慧等青年老师，她们不辞劳苦地查阅了本书的背景材料。她们的工作体现了国内青年老师们一丝不苟、勤奋向上的风范，可钦可佩。最后，在各位同人的努力下，愿此书能为广大读者增添一些中日交流的话题，从而起到抛砖引玉的作用。

图书在版编目（CIP）数据

清末中日文人交游录 / 张伟雄著；佟若瑶，李桂华，高照慧译. —杭州 ：浙江人民出版社，2021.11
（新中日文化交流史大系）
ISBN 978-7-213-10379-7

Ⅰ. ①清… Ⅱ. ①张… ②佟… ③李… ④高… Ⅲ. ①文人－文化交流－文化史－研究－中国、日本－清后期 Ⅳ. ①K203②K313.03

中国版本图书馆CIP数据核字(2021)第228421号

清末中日文人交游录

张伟雄 著 佟若瑶 李桂华 高照慧 译

出版发行 浙江人民出版社（杭州市体育场路347号 邮编 310006）
市场部电话:(0571)85061682 85176516
责任编辑 胡佳佳
责任校对 陈 春
责任印务 刘彭年
封面设计 敬人工作室
电脑制版 杭州兴邦电子印务有限公司
印 刷 浙江新华数码印务有限公司
开 本 880毫米×1230毫米 1/32
印 张 5.875
字 数 151千字
插 页 6
版 次 2021年11月第1版
印 次 2021年11月第1次印刷
书 号 ISBN 978-7-213-10379-7
定 价 58.00元